Gastronomie lyonnaise

Le sens du goût

Jean-Patrick Ménard écrit pour la presse nationale et régionale.
Il a également créé deux revues vinicoles pour la Fédération nationale des cavistes indépendants (FNCI).
A notamment réalisé de nombreux reportages sur la gastronomie en France et à l'étranger pour le magazine *Étoile*, édité par le *Guide Michelin*.
Il est l'auteur de *Retour aux sources*, livre publié aux éditions Glénat et nommé pour le prix littéraire Antonin Carême.

Matthieu Cellard, photographe indépendant depuis 2003, s'est spécialisé dans la photographie culinaire et gastronomique.
Installé à Lyon, il travaille avec les plus grands chefs de la ville : Paul Bocuse, Mathieu Viannay, Nicolas Le Bec, Davy Tissot, Jean-Christophe Ansanay, Guy Lassausaie, Le K2, Le Kilimandjaro...
Mais aussi pour différentes enseignes prestigieuses, *Labeyrie, Revol, Rak Porcelaine, Fromage de Suisse*...
Il a publié le *Le Fromage* aux éditions Stéphane Bachès, *Secrets de Chocolats* aux éditions Chokogou, *L'O à la bouche* aux éditions de l'épure, *Retour aux sources* et *Une Maison en Bourgogne* aux éditions Glénat.

Le mot de l'éditeur

L'idée de cet ouvrage est née d'une rencontre gourmande autour d'une "Crapaudine de caille aux pommes de terre nouvelles", au printemps 2011 au restaurant "L'Âme sœur", à Lyon. Un grand merci à l'amie commune Sandrine Frih et à notre hôte du jour Olivier Paget, allumeurs d'étoiles s'il en est...

Conception graphique,
Olivier Brunot

Éditions Lyonnaises d'Art et d'Histoire
2 quai Claude-Bernard 69007 Lyon
Téléphone 04 78 72 49 00 – Fax 04 82 53 59 89
contact@editions-lyonnaises.fr
www.editions-lyonnaises.fr
ISBN : 9782841473069

Gastronomie lyonnaise

Le sens du goût

Jean-Patrick Ménard
Matthieu Cellard

Préface d'Alexis Jenni

Éditions Lyonnaises d'Art et d'Histoire

Le sens du goût...

Les coordonnées complètes des établissements des chefs qui ont rédigé ces recettes se trouvent en page 208.

L'art de l'entraille

Alexis Jenni

L'identité n'est pas un sentiment très sûr ; et en plus il ne dure pas. L'identité est au fond une habitude, à moitié cachée comme le sont les habitudes, et elle ne se révèle que par hasard, à la faveur d'un détail incongru qui fait revenir d'un coup ce à quoi on ne pensait pas.

D'être Lyonnais je n'y pense pas toujours, pas plus que d'être Français, homme, amateur de bicyclette, pratiquant un beau métier, cela fait le fond confus de moi comme le fatras de mon grenier où je ne monte pas souvent. Par un détail on se rappelle qui on est, cela dure quelques minutes, et puis on n'y pense plus ; jusqu'à la prochaine fois.

Être Lyonnais, et que cela ait quelque importance, m'est revenu à l'autre bout du monde, à la Réunion, où les saisons passent à l'envers et où le soleil se couche bêtement à six heures. Je me promenais, montais aux volcans, je grimpais dans les forêts de fougères, pensant à tout autre chose qu'à mes habitudes, et j'étais venu exactement pour ça. Des gens venus vivre là avaient demandé à un cuisinier créole de leur faire un vrai repas des îles. Ils m'invitèrent. Dehors, sous une guirlande d'ampoules, sous des arbres que je ne reconnaissais pas, sous la Croix du Sud que je n'étais pas très sûr de reconnaître, on disposa sur une table des feuilles de bananier. Le cuisinier coiffé de *dreads* qui lui tombaient dans le dos faisait la navette entre la cuisine et la terrasse, il tenait à tout apporter lui-même, chacune des pièces d'un repas d'ici, que l'on ne monte pas dans n'importe quel ordre.

Sur les feuilles vernissées il rangea un long monticule de riz blanc qu'il couvrit de grains, les Pois du Cap mijotés dans les épices. Il apporta le rougail pimenté avec cet air gentiment provocateur que l'on adresse aux Zoreilles quand il est question de piment. Je me pourléchai, j'étais bien loin de Lyon et je n'y pensais pas du tout. Il apporta enfin les viandes, coupées en petits tronçons pour qu'on les prenne à la main. D'abord une cocotte pleine d'un violent coq au vin, étrange voyage aux tropiques d'un plat de dimanche pluvieux, puis une autre dont il souleva le couvercle avec l'air ambigu que prennent les cuisiniers quand ils présentent quelque chose de très, très, particulier. « *Je ne sais pas si vous allez aimer*, dit-il aux Métros attablés. *C'est du massalé pat'cochon.* » Il poussa la marmite vers moi, qui était encore plus touriste que les autres. Dans les ombres de la guirlande d'ampoules je ne voyais pas grand-chose, juste la colline de riz blanc qui luisait,

J'avais l'impression d'une lyonnaiserie qui m'aurait suivi jusqu'ici, qui se serait repeinte de couleurs vives pour me plaire...

et sa vapeur que j'identifiais aux parfums, et devant moi une cocotte sans fond. Comme il n'y avait pas de couverts, j'y allais aux doigts, attrapais un petit os à la légèreté familière, où tremblotait une chair gélatineuse que je connaissais bien. Je goûtais, c'était merveilleux, tout à la fois neuf et familier. « *Magnifique !* criai-je. Et j'en repris. - *Tu aimes ?* me demanda le cuisinier tout à la fois complice et déçu. Parce que souvent le pat'cochon ça dégoûte quand on n'a pas l'habitude. - *Mais je suis Lyonnais* », lui dis-je, et cela suffisait. J'en repris encore, les mêlais de piments, me régalais. Les épices imprégnaient la texture de la chair, donnaient un éclat intense à cette saveur unique de peaux et de cartilages que je savais manger bouillis, panés, sautés, mais pas comme ça. J'avais l'impression d'une lyonnaiserie qui m'aurait suivi jusqu'ici, qui se serait repeinte de couleurs vives pour me plaire, mais je la reconnaissais bien.

Ce soir-là, sous des étoiles que je ne connaissais pas, qui bougeaient dans le ciel de façon incohérente, avec un cuisinier au beau visage de rasta sculpté par les lueurs d'une guirlande d'ampoules, nous communiâmes dans la fraternité d'un plat de pieds de porc. « *J'adore, je suis Lyonnais*, répétais-je la bouche pleine. - *Et moi, Réunionnais*, disait-il en riant et se resservant. Cela expliquait tout ; nous partagions un plat de pauvres entré en gastronomie, quelque chose de rude devenu beau ; mais il faut connaître.

Parce que comme on le sait, la cuisine lyonnaise telle qu'en sa légende, c'est pas pour les délicats. Pas de chichis, pas de raffinements de petits marquis, pas de temps ici pour les compliqués. La *mère*, peu amène mais franche du collier, avec un : « *Ça vous va ?* » de pure forme, désigne la place qu'elle vous a choisie, ça l'arrange pour compléter une table ; et on se glisse entre des gens qu'on ne connaît pas, qu'on apprendra à connaître, faut bien quand on partage si peu d'espace, et que pour écarter les coudes, pour seulement couper sa viande il faudra s'arranger avec son voisin. Et une fois installé, c'est parti pour les classiques, les plats connus, dans leur ordre familier : ici nulle surprise, cela gâcherait. On n'est pas là pour s'étonner mais pour manger, vraiment, et le vrai est sans surprise puisqu'il est vrai. Ici on reconnaît, et on mange quelque chose. Ce qu'on apporte a du poids, ce sont de beaux objets pleins de sève que modestement Monsieur Paul appelle « le produit ». Ici tout le monde comprend ; mais cela vaut peut-être la peine de regarder de plus près, car à force d'habitude on oublie la bizarrerie foncière des aliments que l'on cuisine à Lyon.

Et ainsi dans le même esprit le tablier de sapeur, délicieux à manger par l'harmonie de ses textures, mais qui fait un peu peur si on le décrit.

Prenez par exemple cette petite créature. Son corps tout raide et crispé, comme une frite, on le tient entre deux doigts ; on la reconnaît à ses yeux. Quand on se baigne dans la Saône (peut-être pas à Lyon, cela ne se fait plus, mais plus haut, le long de la Bresse), et bien ils filent entre les doigts de pied en frétillant, les minuscules poissons, noirs à contre-jour, brillants quand ils attrapent le soleil, grosse tête, petit corps, nageoire invisible, avançant par des secousses de leur queue, on les voit bien mais ils sont impossibles à attraper, car sous l'eau le mouvement de la main les chasse. Et on les retrouve dans l'assiette tels qu'en eux-mêmes, avec leur morphologie étrange, corps raidi, nageoires comme dessinées sur leurs flancs, mais grosse tête, et on en reconnaît les yeux, les deux gros yeux ronds qui regardent encore. On les tient entre deux doigts, on les croque, et ils croustillent, peau, arêtes, muscles minuscules, et plein d'autres choses que l'on ne tient pas détailler. C'est la petite friture de Saône, on l'a reconnue, on vit avec avant de la manger.
Et l'andouillette quand on y pense, c'est tout de même pas rien. Vous n'osez y penser quand on vous l'apporte, toute frémissante dans son plat à four, grésillante d'odeurs qui s'exhalent en petits soupirs, granulée de chapelure brunie, vous n'osez pas y penser, de quoi c'est fait. Et quand vous y portez le couteau, avec un soupir elle crève, et ça sort d'un coup comme des ressorts de matelas, ça, ce qui est dedans, et dont vous ne cherchez pas à savoir ce que c'est ; c'est doux et ferme, élastique, la consistance en est inimitable. C'est quoi ? Le président Herriot, grand homme lyonissime, disait avec ce ton complice de la blague de comptoir : « *La politique, c'est comme l'andouillette, ça doit sentir un peu la m… mais pas trop* ».
Oh ! délices de ce « m » suivi de points, bienséance qui permet la grossièreté, clin d'œil qui permet de savoir sans que cela soit dit, tradition culinaire qui permet de déguster en dissimulant on sait quoi sous les euphémismes de la gastronomie. Ne cherchez pas à traduire les termes de boucherie en termes anatomiques, ce serait incommodant, aussi inconvenant que d'identifier les lettres cachées qui suivent la lettre « m ». Tout le monde le sait, non ? Alors mangez !
Et ainsi dans le même esprit le tablier de sapeur, délicieux à manger par l'harmonie de ses textures, mais qui fait un peu peur si on le décrit ; alors on n'en dira rien.
Et puis la salade de gras-double, dont le nom même est saisissant, vaguement blasphématoire selon les normes de la diététique, mais rassurez-vous : une vinaigrette relevée lui ôtait toute lourdeur. J'emploie le passé, hélas, car on n'en trouve plus guère. J'en achetais au marché du quai Saint-Antoine, avec un ami

colossal qui en partageait le goût. Nos épouses fluettes voyaient ça avec un peu de dégoût, qu'elles rationalisaient en mépris taquin. « *C'est bien une nourriture de mec,* disait la sienne, en faisant claquer le *mec* ». Et nous acquiescions la bouche pleine.
Un jour de juillet ce charcutier annonça son départ à la retraite, la fermeture du banc, la fin de la salade de gras-double en vente libre. J'en achetais une grosse barquette, la plus grosse possible, et nous la mangeâmes avec mon colossal ami en prenant des mines mélancoliques, pendant que nos épouses à nos côtés, l'une chipotait un peu de poisson, l'autre tranchait avec méthode une classique pièce de viande isotrope, bien rouge dans tous les sens. La cuisine est identitaire, sûrement, et de cette salade que je ne revis plus, je garde un souvenir tactile et gustatif unique, comme une légende lyonnaise que l'on m'aurait racontée et que je conserve.
Tout change, ceci qui existait disparaît peu à peu, à mesure que Lyon devient une grande ville comme une autre, à mesure que les identités se floutent et que tout devient possible partout ; mais cela qui fut reste inscrit dans nos corps qui y ont goûté.
Je me souviens d'un restaurant très joli, tout neuf, tout moderne, qui mariait les couleurs, les lumières, les saveurs ; par ordre d'importance. Dans une musique continue, dans une pénombre colorée, nous mangeâmes des mélanges de viande et de fruits, qu'il n'était pas toujours facile de reconnaître : c'était agaçant. Quand à l'heure de l'addition le patron nous lança le traditionnel « *Tout s'est bien passé ?*», sans attendre de réponse, sûr d'un compliment pour son goût si original, mon épouse lui répondit avec précision. Pas de lumière, trop de musique, rien à manger. Des chichis coloriés, rien de plus. Il en perdit le souffle, bredouilla et nous emmena dehors. Il désigna un bouchon mal éclairé de l'autre côté de la rue. « *Si vous voulez vous goinfrer, allez ici. Là vous aurez des grosses portions.* » Il nous foudroya du regard et referma sa porte en la claquant, nous laissant dans la rue. Alors nous la franchîmes et poussâmes la porte en face. Nous fûmes accueillis par le parfum épais de la cochonnaille qui grésille, des oignons déglacés au vinaigre. « *Vous avez encore de la place ? – Oui* », nous répondit-on d'un ton peu aimable, qui nous rassura sur la qualité de l'établissement. Nous nous installâmes avec un soupir, dépliant les serviettes à carreaux, nous partageâmes le pot de côtes sans étiquette aucune, juste garanti par sa présence sur l'ardoise. Les murs étaient pisseux, la décoration ternie, l'odeur sublime. Nous étions chez nous. Nous remangeâmes.
La cuisine à Lyon est une affaire sérieuse ; il s'agit tout de même de manger.
Et les légumes ? Quels légumes ? Il y a bien les cardons, ces espèces de palmes mal

« Ici, même les salades ont des foies. Pourquoi tant d'abats ? Pourquoi mettre toujours au centre ce qu'ailleurs on délaisse ? Parce que c'est bon ! »

coiffées que l'on entoure de journaux l'hiver, mais ce qu'il y a de meilleur dans les cardons c'est encore la moëlle. Un mien ami, muni d'une bedaine à l'ancienne, qu'il irriguait d'un mélange de Mâcon blancs et de Côtes-du-Rhône rouges, ce qui n'est pas sot, me décrivait avec pas mal de détails ce que contenaient ses frigos géants ; il me racontait ses aventures de charcutier amateur, dont les péripéties étaient l'acquisition de porcs entiers pour en faire de subtiles délicatesses. Tout cela s'accumulait sur les rayons de sa chambre froide, et nous venions d'en goûter. « *J'aime travailler la viande !* » conclut-il avec un sourire bien denté, et une note dans la voix qui m'assura de la place définitive du légume sur la table de ses festins : accompagnement ; sans guère de différence entre eux. Tous peuvent être remplacés par le gratin. Le gratin de quoi ? Mais le seul qui vaille ! le gratin de pommes de terres, à la crème, que l'on appelle dauphinois si l'on veut. Le Dauphiné de toute façon commence dans la banlieue de Lyon, mais peu importe son nom et son origine, l'objet est métaphysique. Le gratin n'est pas la frite, qui est le polystyrène de la cuisine, qui bouche les trous sans avoir de qualités par lui-même. Le gratin va avec tout, il est le moëlleux substrat de tout, fait de pommes de terres et de crème, moëlleux contenant du moëlleux, comme la puissance et l'acte, la forme et la substance, le corps et l'esprit. Le gratin suffit à tout ; on peut alors s'occuper de ce qui importe, les viandes étranges.

Elles sont partout. Ici, même les salades ont des foies. Pourquoi tant d'abats ? Pourquoi mettre toujours au centre ce qu'ailleurs on délaisse ? Parce que c'est bon, sauvagement goûteux, et pas très onéreux. La cuisine lyonnaise a des origines non gastronomiques, mais utilitaires. Elle est faite de produits bizarres et pas chers, qui se sont constitués en plats pour répondre à l'appétit de grands corps d'ouvriers, d'immigrants ruraux, de ventres replets de notables, qui gagnèrent leur fortune par le commerce, l'industrie, les études.

Ils ont disparu, les grands corps et les gros ventres, et la cuisine lyonnaise a perdu ses fondements sociologiques. Elle qui fut un artisanat, elle accède à l'art au moment où sa raison d'être a disparu, où il n'en est plus tout à fait besoin, et cela se passe toujours ainsi : l'art vient quand la réalité devient moins prosaïque. La cuisine lyonnaise devint art quand il ne fut plus question de caler de gros appétits, mais de répondre à de grands désirs.

Ceci est le sujet de ce livre.

Paysages

« Qui ne sauce pas n'est pas lyonnais ! »

Cette imprécation, scandée à l'infini par des gosiers affamés, impatients d'assister au défilé sur nappes à carreaux rouges d'un régiment de tabliers de sapeur, d'un bataillon d'écrevisses au garde-à-vous, au parachutage de cervelles de canut, expédiés par un général de brigade écumant dans une cuisine exiguë, cette imprécation appartient à la mythologie de la cuisine lyonnaise. Une mythologie au sens premier, car ici la cuisine est une religion.

Les mythologies naissent au plus profond des civilisations, secrétées par les tissus d'un corps social organisé pour sa survivance. Elles donnent un sens aux choses vivantes et inanimées. À Lyon, la cuisine a donné un sens au goût, à l'art de communier autour d'une volaille rôtie, d'un saucisson brioché, d'une quenelle gratinée, elle a structuré une civilisation du « bien manger », du « bien vivre ».

Il faut un climat favorable pour que les mythologies s'épanouissent, une terre fertile, un humus pour nourrir la germination. La situation géographique est donc un point capital, pour que, justement, naisse un jour une capitale du goût.

Si l'on s'accorde à couronner des villes comme Florence, Saint-Sébastien, ou Kyoto comme étant des phares de la gastronomie mondiale, on s'aperçoit qu'elles sont toutes au cœur de régions riches en productions agricoles, en élevages de qualité, elles sont aussi proches de la mer, irriguées par une multitudes d'artisans, maraîchers, charcutiers, pêcheurs, chasseurs, cueilleurs… Elles disposent de marchés profus, vivants, où l'abondance est un quotidien.

Dans ces villes, il est plaisant d'observer la décontraction des convives. On s'attable en confiance, l'esprit serein, on sait ! On connaît ! Pas de surprise, pas besoin de chercher sous une feuille de salade ou de wakamé un soupçon de laisser-aller.

Cette cuisine de produits est nécessairement une cuisine du marché, ainsi que l'a célébrée Paul Bocuse, c'est le fond de toute grande cuisine. Si l'on veut les dénombrer, Lyon en compte 185 ! Il y a de quoi puiser, de quoi tâter, de quoi croquer… De quoi ramener en cuisine des trésors juteux. De la Bresse arrivent tôt le matin les volaillers et leurs poulets, poulardes et chapons en saison, leurs pigeons et leurs cailles. De la Dombes voisine, la grenouille et l'écrevisse, le sandre et le brochet jouent des pinces, battent des nageoires et laissent aux doigts un parfum d'algue douce, de limon et d'eau paisiblement infusée de feuilles de saules, de frênes et de peupliers. De la vallée du Rhône roulent des fleuves de fruits, de

La situation géographique est donc un point capital, pour que, justement, naisse un jour une capitale du goût.

légumes parfumés, des torrents d'huiles d'olive. Poissons des lacs des montagnes, champignons des bois, viandes du Charolais, sans oublier les vins du Beaujolais, d'Hermitage, de Condrieu, de Cornas, de Saint-Joseph, de Côte-Rôtie… Ce n'est pas mince, c'est un panier grandiose, « *un garde-manger exceptionnel* », résume Pierre Orsi, le cuisinier étoilé de la place Kléber..

Mais est-ce assez pour qu'une cuisine identifiée, labellisée lyonnaise, surgisse du sac à provisions, comme Guignol au théâtre de marionnettes. Paris aussi n'est pas dépourvue en beaux arrivages, pourquoi n'est-elle pas le berceau d'une cuisine que l'on pourrait citer comme étant à tout crin parisienne ? Si Lyon est une capitale du goût, Paris est une capitale tout court. La différence est sans doute là. Saint-Sébastien, Florence, Kyoto ne sont pas plus des capitales, même si la vieille cité de l'île d'Honshū le fut, impériale en son temps. L'obstination centralisatrice des rois, le colbertisme des esprits, le creuset républicain ont fait de Paris le pôle magnétique de tous les pays de France. Tout et tous montent à Paris : Petit-Gervais et sa tomme de montagne, Bécassine et son beurre salé, Marius et sa sardine… Cette profusion, cette diversité ont sans doute contribué à fondre un parler originel dans une langue nouvelle, épurée de ses accents. Il est d'ailleurs frappant de voir un chef comme Yannick Alléno tenté de retrouver les racines perdues d'un ancien terroir parisien. On comprend son envie de s'approprier une cuisine enfin raccordée à une terre identifiable. Le complexe du terroir… Cette indispensable carte d'identité d'une gastronomie. Il existe des cuisines sans papiers, des cuisines hors sols, fades et factices comme des tomates hydroponiques. Or quand ce tuf manque, et que l'on souhaite fonder un style à soi, un style de chez soi, il ne reste plus qu'à le créer de toute pièce.

C'est le travail d'explorateur qu'a ainsi mené René Redzepi, le chef du restaurant Noma de Copenhague, élu par le magazine britannique *Restaurant* meilleur

chef de la planète. Avant d'ouvrir sa maison pour y développer une cuisine très personnelle, René Redzepi a pris son sac à dos pour sillonner ses terres boréales à la recherche de produits. Lesquels, il n'en savait rien. Il était ouvert à toutes les découvertes. Il était comme un peintre qui, avant de commencer une toile, s'en va à la recherche des couleurs qui constitueront sa palette.

À Lyon nul besoin de sac à dos, un beau panier d'osier convient très bien à la déambulation gourmande. La palette des chefs lyonnais s'est constituée par sédimentation, au fil du temps. Siècle après siècle, elle s'est enrichie de nouveautés. Très tôt, à l'époque romaine, la ville était déjà ce carrefour du commerce alimentaire qu'elle est toujours restée. Au XVIe siècle, Rabelais édite son *Quart Livre* à Lyon, on y trouve quelques indications de recettes qui régalaient les palais : perdrix aux choux, ramiers aux poireaux, anguillettes salées, canards à la dodine, pâtés de lièvres, pieds de porc au saindoux, mais aussi beignets, crêpes, œufs à la neige… On sait aussi que des cardons sont servis dans un dîner officiel le 25 février 1548. Les foires de Lyon ont également permis d'étoffer considérablement l'éventail de la ressource : cédrats, oranges, épices, dont la noix de muscade, le gingembre, la cannelle, le galanga…

Puis vinrent les Médicis. Marie épouse le Vert Galant en la cathédrale Saint-Jean. On festoya ! Avec les florentines, bien des gourmandises nous sont offertes : les artichauts, les asperges, les tomates aussi viennent de la botte, et c'est Olivier de Serre qui le premier les cultive dans son jardin ardéchois du Pradel. Mais au début, seulement comme plante d'ornement. Il faudra attendre un peu avant qu'elles ne viennent rosir une sauce Choron. Laissons le temps au temps, avant d'intégrer la nouveauté il est sain de bien digérer les changements… Reste que les influences italiennes seront toujours présentes dans le corpus culinaire lyonnais. On les retrouve bien vivantes dans la cuisine de Davy Tissot à la joliment nommée « Villa florentine » : « *J'ai grandi dans une tour de la banlieue de Lyon avec ma grand-mère sicilienne, qui avait immigré en Tunisie avant de venir en France. Je me souviens d'une de ces recettes, la Meloria, un plat de viande à la coriandre et à l'oseille, qui embaumait l'étage entier de l'immeuble. Aujourd'hui, depuis la terrasse de la Villa, on a une vue plongeante sur la cathédrale Saint-Jean, mais je vois aussi les Minguettes. Je sais d'où je viens, et ici je me sens bien, je peux plonger dans mes racines italiennes.* » Et c'est ainsi

La palette des chefs lyonnais s'est constituée par sédimentation, au fil du temps.

Une cuisine ne reste pas à l'abri des métissages, la tradition est forcément agrégative si elle ne veut pas devenir une légende…

que le risotto prend des accents lyonnais sous la spatule de Davy Tissot.
Une cuisine ne reste pas à l'abri des métissages, la tradition est forcément agrégative si elle ne veut pas devenir une légende…
Avec l'avènement de la bourgeoisie, la grande, les désirs enflent en proportion des fortunes. Dès lors, dans les belles maisons, comme ensuite dans les auberges, des produits nobles apparaissent, parmi lesquels trônent en majesté langoustes et homards, méditerranéennes pour les premières et bretonnants pour les seconds, mais devenus lyonnais, par le pouvoir de l'argent, dans les livres de recettes des cuisiniers d'entre Saône et Rhône.
« *Mon père faisait une cuisine bourgeoise dans son restaurant,* se souvient Pierre Orsi. *Il y servait le pâté en croute, les quenelles, les volailles de Bresse mais également le homard et la langouste. C'étaient les plats que les clients plébiscitaient.* » Une génération plus tard, le « homard en barigoule d'artichaut » de Pierre Orsi est devenu un des musts de sa cuisine étoilée.
Christian Têtedoie va plus loin encore dans la capacité agrégative d'une cuisine traditionnelle, car c'est avec la tête de veau qu'il marie à l'infini le crustacé. « *C'est arrivé par hasard,* indique-t-il. *J'avais été choisi par un organisme canadien pour mettre en valeur le homard de chez eux, et j'ai eu la surprise un matin de recevoir trente kilos de homards. Ce matin-là, j'avais également de belles têtes de veau roulées. L'idée d'assembler ces deux produits si opposés dans leurs saveurs, leurs textures et je dirai même dans le statut qu'ils occupent en cuisine, s'est pourtant imposée naturellement. J'ai fait quelques essais et j'ai fini par réaliser une sauce à base de jus de carotte et de jus de homard, c'est toujours aujourd'hui une de mes plus belles sauces. D'ailleurs, les sauces sont un élément essentiel de ma cuisine. Pour moi qui suis né sur les bords de Loire, c'est mon point d'ancrage à la cuisine lyonnaise. Une sauce, c'est tellement sophistiqué, complexe, cela demande de la maîtrise mais également de l'instinct, au bout du compte c'est ça qui fait un plat. Rien ne m'agace plus que des assiettes où l'on dépose quatre gouttes de sauce, j'ajoute toujours un petit pot où l'on peut venir puiser de la gourmandise.* » Qui ne sauce pas…
Homards, langoustes, mais également tous les poissons de mer, notamment la sole qui a été canonisée par Fernand Point et que Paul Bocuse sert toujours à Collonges, le registre des produits s'est ouvert davantage encore avec l'amélioration des transports.

En saison, on trouvera à la carte des gibiers une grouse d'Ecosse. Si elle n'a rien de particulièrement lyonnais, elle peut être en revanche cuisinée comme un canard sauvage de la Dombes. Le traitement est le même, si le produit change, le style perdure. Thomas Ponson le sait bien, finalement le plus important n'est pas tant l'origine purement locale du produit que sa grande qualité : « *À Lyon, vous devez servir des produits de premier choix, vous pouvez cuisiner de la grouse ou du bœuf Wagyu, vous restez dans un esprit lyonnais par ce sens du beau produit. Mais il m'est également arrivé de proposer un menu "Tout cochon" parfaitement dans la ligne de la tradition.* »

La palette ne cesse de grandir. « *Nous sommes des enfants gâtés*, reconnaît bien volontiers Patrick Henriroux, du restaurant « la Pyramide » à Vienne. *Je compare ma ville à un tournesol qui l'été venu se tourne vers les portes du Midi, ses fruits, ses légumes, à l'automne nous regardons l'Ardèche et ses champignons, ses gibiers, et l'hiver nous passons au Nord à ses poulardes, ses pigeons. Sans géographie, sans terroir, on perd le pouvoir d'expression. Chacun va s'approprier ce fond commun à sa manière. Tous les modes d'expression sont bons, certains seront plus proches de la tradition, d'autres seront plus contemporains.* »

Joseph Viola, depuis son bouchon où excelle son talent de Meilleur Ouvrier de France, « Daniel et Denise », a lui aussi son avis sur la question : « *La cuisine lyonnaise, si l'on veut inscrire son travail dans cette dénomination, implique que l'on travaille des produits de référence et que l'on fasse perdurer des recettes. Alors, nous faisons toujours du gras-double, mais nous essayons de ne pas le faire trop gras… Faire de la cuisine lyonnaise aujourd'hui demande que l'on se confronte à tous les plats qui ont fait sa renommée, mais avec une approche en accord avec les goûts du jour. C'est une cuisine de tradition, nous devons poursuivre dans ce sens.* »

Avoir un pied dans le cercle des traditions et un pied au dehors, c'est également possible. C'est la position qu'adopte Mathieu Viannay dans son fameux établissement de la rue Royale, « La mère Brazier ». « *Il n'y a pas de cuisine moderne ou classique*, assure-t-il, *il n'y a que la cuisine ! Entre les années 1900 et 1960, elle a très peu évolué. En une décennie, celle des années soixante-dix/quatre-vingts, tout a basculé. Personne ne passe plus cinq heures à table. Les gens veulent plus de légèreté et de rapidité, même dans un restaurant étoilé. Au regard de la tradition, nous pouvons être dans l'allusion, on peut reprendre une façon de faire sous forme de clin d'œil. Mais quoi qu'il arrive, on ne cuit plus les légumes de la même manière, nos techniques ont évolué et les habitudes de consommation aussi. Si je prends l'exemple de la « Poularde demi deuil », plat typique de la cuisine lyonnaise et particulièrement emblématique du travail d'Eugénie Brazier, nous utilisons nos méthodes modernes et la précision au degré près*

Avoir un pied dans le cercle des traditions et un pied au dehors, c'est également possible.

des fours pour tenir pendant 5h30 une cuisson à 72°. Mais s'il y a une valeur qui n'a pas varié dans la cuisine lyonnaise, c'est la valeur du travail. »

Ce que confirme point par point Anthony Bonnet, le jeune chef étoilé du restaurant « la Cour des loges » : « *Je ne dirais pas que nous sommes des enfants gâtés. Oui, il y a beaucoup de produits, mais si l'on veut le meilleur, alors c'est autre chose. Je suis très exigeant, j'ai mis des mois avant de trouver un fournisseur de viande qui me convienne. J'ai le culte et la culture du beau produit. Mes parents ont une exploitation agricole, les légumes venaient du jardin, les poules et les lapins de la basse-cour, on tuait notre cochon. Aujourd'hui, je ne commande aucune pièce de viande prétaillée. Je veux des carcasses et faire moi-même le découpage, si quelqu'un le fait pour moi, j'ai le sentiment d'être déjà enfermé dans une intention. Je veux pouvoir ressentir une émotion quand j'attaque une pièce de viande, c'est le starter, c'est en goûtant une petite tranche crue ou juste snackée que les premières idées de recette viendront.* »

On peut être moderne et rester attaché à des gestes, des techniques qui forment les fondamentaux d'une cuisine : « *Le contemporain*, sourit Jean-Christophe Ansanay-Alex sous les tilleuls devant sa magnifique « Auberge de l'île Barbe », *ça ne vit qu'avec son temps. Mais il faut aussi savoir mitonner un bourguignon, une poularde, imaginez que sous prétexte de modernité on oublie ces merveilles-là… Ceci dit, il est bon d'être de son temps, et c'est autre chose. Nous devons par exemple mener une réflexion sur notre rapport à la nature, le Slow Food, c'est important. Pour résumer, j'aime la création dans la tradition.* » Avec un grand sens de l'épure, Jean-Christophe Ansanay-Alex s'inscrit de fait dans une lignée de cuisiniers lyonnais, certes simples dans leur approche des produits, mais au grand jamais simplistes. Preuve définitive que l'on peut, tout imprégné d'une cuisine traditionnelle peu réputée pour sa légèreté, évoluer dans une élégance propre à ravir les exigences contemporaines, terrorisées par la tyrannie des calories superfétatoires.

Comme le souligne Christian Têtedoie : « *Si l'on compare une cuisine avec une langue vivante, elle doit intégrer de nouveaux mots pour continuer à vivre, mais elle doit rester stricte sur sa syntaxe.* » Et c'est ainsi que l'on parle toujours lyonnais dans les cuisines d'entre Saône et Rhône.

Thomas Ponson

Restaurant Thomas

Il fait partie de la jeune classe lyonnaise. Son restaurant est devenu au fil des années un point de ralliement pour ceux qui aiment une cuisine de saveurs, généreuse et élégante, servie dans une ambiance vive et souriante. On se sent immédiatement à son aise chez Thomas, et prêt pour une balade gourmande au fil de ses inspirations du moment. Notons-le au passage, Thomas possède une des plus belles, sinon la plus belle, cave de cornas de France. Ce n'est pas rien…

▶ Voir recettes pages 026, 028, 030.

GUEULES DE LYON
Thomas Ponson

Pizza aux champignons des bois et truffe de Bourgogne

Restaurant Thomas

Recette de Thomas Ponson

Recette pour une grosse pizza
pour 4 personnes à l'apéritif

Ingrédients

- 300 g de pâte à pain
- 300 g de mélange de champignons (cèpes, girolles, pieds de moutons)
- 1 truffe de Bourgogne (40 g)
- 50 g de lard fumé
- Sel, poivre, beurre
- 100 g de mozzarella
- 100 g de roquette
- Huile d'olive
- Fleur de sel

Progression

Étaler la pâte très finement sur une plaque huilée.
Étaler de fines lamelles de mozzarella et enfourner à four très chaud pendant 7mn.
Pendant ce temps, faire poêler les champignons au beurre avec le lard fumé taillé en brunoise.
Disposer le mélange sur la pizza, enfourner à nouveau 1 mn.
Râper la truffe sur la pizza, assaisonner de fleur de sel, poivrer.
Ajouter quelques feuilles de roquettes, découper la pizza et déguster avec un Condrieu ou un Chassagne Montrachet.

Coffres de grouses rôtis aux fruits d'automne, jus acidulé

Restaurant Thomas

Recette de Thomas Ponson

Pour 4 personnes

Ingrédients

- Quatre jeunes grouses
- 200 g de raisin muscat
- Une pomme royale gala
- Une poire Williams
- Un cèpe
- Garniture aromatique (oignon, ail, carotte, thym, laurier) pour le jus
- Vinaigre de Xérès
- Vinaigre balsamique
- Vin rouge
- Sucre
- Sel, poivre, beurre
- Un bâton de cannelle

Progression

Plumer, vider et flamber les grouses. Lever les cuisses.
Réaliser un jus avec les cuisses, les abattis, la garniture aromatique et la cannelle.
Colorer les coffres des grouses dans une poêle 5 mn de chaque côté, enfourner à four chaud pendant 7 mn. Débarrasser les coffres et les maintenir au chaud sous un papier aluminium.
Ajouter les fruits dans la poêle, assaisonner de sel, sucre et poivre, faire colorer légèrement.
Débarrasser les fruits, déglacer la poêle avec le vin rouge, faire réduire, ajouter les deux vinaigres puis le jus de grouse, faire réduire, ajouter les fruits, rectifier l'assaisonnement.

Dressage

Dresser les coffres entiers avec les fruits autour et le jus bien chaud.
Ajouter quelques lamelles de cèpe crues et déguster avec un vieux Cornas.

Pain perdu caramélisé aux mirabelles

Restaurant Thomas

Recette de Thomas Ponson

Pour 4 personnes

Ingrédients

- 4 tranches de pain de la veille coupées épaisses
- 1/4 de l de crème.
- 1/4 de l de lait
- 3 œufs
- 200 g de sucre semoule.
- 4 cl de rhum ambré
- 400 g de mirabelles dénoyautées

Pour le caramel

- 50 g de beurre
- 75 g de sucre semoule.

Progression

Mélanger tous les ingrédients au fouet (sauf les mirabelles).
Faire tremper les tranches de pain dans cette préparation pendant une nuit au réfrigérateur.
Réaliser le caramel dans une poêle avec le beurre et le sucre, y faire caraméliser les tranches de pain sur toutes les faces environ 2 mn.
Faire poêler les mirabelles au beurre avec un peu de sucre.

Dressage

Servir le pain chaud accompagné des mirabelles et d'une glace au caramel avec une pointe de fleur de sel.

Remplacer les mirabelles par d'autres fruits selon la saison.
Accompagner ce dessert avec un Condrieu vendanges tardives.

Le goût des belles choses, d'une certaine idée de l'élégance à la française. Chez Pierre Orsi, le bonheur de vivre, de bien vivre, est un don, qu'il offre en présent à ses visiteurs. Chacun a le sentiment d'être choyé, d'être précieux. Pour cela, Pierre Orsi et son épouse Geneviève ont l'œil sur toutes choses, ils savent que ce sont dans les détails que naissent les belles histoires. Celle qu'ils écrivent à quatre mains depuis 1975 est l'une des plus savoureuses de Lyon.

*Pierre Orsi**

Pierre Orsi

▶ Voir recettes pages 034, 036.

Homard en barigoule d'artichauts *Pierre Orsi**

Recette de Pierre Orsi

Pour 8 personnes

Ingrédients

- Dix homards acadiens de 600 g
- Poivre de Cayenne
- Sel de Guérande
- Un oignon moyen et la moitié d'un autre
- Un bulbe de fenouil
- Quatre carottes moyennes
- Cinq artichauts violets
- 65 g de petits pois
- 10 g de fèves,
- 25 cl d'huile d'olive
- 3 échalotes ciselées
- 37,5 cl de vin blanc
- Un litre de bouillon clair de volaille
- Un bouquet de ciboulette
- 150 g de beurre frais
- Un bouquet garni (thym, graine de fenouil, coriandre concassée, poivre concassé)

Progression

Préparatifs : porter à ébullition un court bouillon d'eau assaisonné au poivre de Cayenne et au sel de Guérande. Plonger les homards, puis retirer le faitout du feu. Laissez refroidir dans leur cuisson.
Éplucher et émincer les oignons. Éplucher, canneler et couper les carottes en rondelles de 3 mm. Tourner les fonds d'artichauts violets et après avoir retiré le foin, les couper en deux, puis préserver dans de l'eau citronnée. Émincer les côtes de fenouil. Préparer dans une gaze votre bouquet garni. Cuire les petits pois et les fèves dans de l'eau bouillante salée.

Cuisson

Dans un sautoir, faire suer dans de l'huile d'olive la garniture (oignons, fenouil, échalotes). Déglacer au vin blanc. Laisser réduire, mouiller au fond de volaille. Incorporer le bouquet garni et le laisser infuser.
Dans un autre sautoir, faire revenir dans l'huile d'olive les carottes et les cœurs d'artichauts. Laisser suer et mouiller à hauteur avec la première cuisson des légumes passés au chinois. Assaisonner et laisser cuire en gardant les légumes croquants. Réserver le tout à température.

Dressage

Décortiquer les pinces et tronçonner les queues de homard en cinq morceaux. Réchauffer dans la nage. Monter le jus de la barigoule au beurre, rectifier l'assaisonnement avec sel et poivre du moulin. Dans une grande assiette creuse, disposer la garniture puis les morceaux de homard. Verser la sauce, puis parsemer de petits pois, de fèves et de ciboulette hâchée.

Raviole de foie gras au jus de Porto et truffes *Pierre Orsi**

Recette de Pierre Orsi

Pour 4 personnes
Temps de préparation 45 mn
Cuisson 15 mn

Ingrédients

- 350 g de foie gras frais de canard
- 100 g de truffes
- 1 verre de Porto et jus de truffes
- 4 cuillères à soupe de fond de veau
- 1 jaune d'œuf
- 50 g de beurre
- Sel et poivre du moulin
- 1 cube de bouillon de poule
- 1 paquet de feuilles de pâte à raviole

Progression

Les ravioles. Étaler les feuilles de pâte à raviole, dorer les bords au jaune d'œuf avec un pinceau, cela permettra de sceller les ravioles. Couper les morceaux de foie gras (25 à 30 g par raviole). Saler et poivrer. Mettre dessus une lamelle de truffe). Recouvrir avec un carré de pâte, bien presser les bords pour fermer de façon étanche la raviole. Badigeonner de beurre fondu au pinceau pour éviter que la pâte ne se dessèche.

La sauce. Faire réduire le Porto, couper le reste de foie gras en petits dés et le reste de truffes en petits bâtonnets. Lorsque le Porto a réduit, ajouter les bâtonnets de truffes ainsi que le fond de veau. Saler et poivrer. Laisser cuire. Ajouter les dés de foie gras. Monter au beurre.
Cuire les ravioles 3 à 4 mn dans le bouillon de volaille porté à frémissement dans une casserole à fond plat.

Dressage

Dans une assiette creuse, mettre deux ravioles, puis verser dessus (avec une petite louche si possible de 5 dl) la sauce, accompagnée de 10 g de bâtonnets de truffe et 10 g de dés de foie gras par personne.

Jean-Christophe Ansanay-Alex

*Auberge de l'Ile***

Du style, une nonchalance feinte, de la distinction : Jean-Christophe Ansanay- Alex dirige avec une dextérité experte les destinées de son lieu magique, idéalement protégé des fureurs du temps par les bras de la Saône. L'île Barbe est son fief, d'où il élabore une cuisine lisible, sans maquillage, qui atteint sa cible avec sûreté.

▶ Voir recettes pages 040, 042, 204.

*Auberge de l'Ile***

Blanquette de grenouilles

Recette de Christophe Ansanay-Alex

Pour 4 personnes

Ingrédients

- 500 g de grenouilles décortiquées
- 15 dl de fumet de grenouille
- 5 cl de crème
- 5 g de Maïzena
- 20 g de ciboulette ciselée
- Petits pois, gnocchis et mousserons
- Sel
- Piment de Cayenne
- Nougatine à l'ail

Progression

Faire bouillir le fumet.
Ajouter la crème et reporter à ébullition.
Lier avec la Maïzena et rectifier l'assaisonnement.
Incorporer la ciboulette avec les cuisses de grenouilles décortiquées + petits pois, gnocchi et mousserons.
Ajouter la nougatine à l'ail.

Double côte de cochon de lait Noir de Bigorre, farcie à la Royale

Auberge de l'Ile**

Recette de Christophe Ansanay-Alex

Pour 4 personnes

Ingrédients

- 1 carré de cochon désossé.
- Duxelles de champignons
- 2 œufs
- Sel épicé
- Beurre
- 2 échalotes ciselées
- Poivre mignonnette
- Fond de cochon
- Vinaigre

Progression

Farce de cochon. Préparer une duxelles de champignons.
Réaliser la farce avec la duxelles, la gorge de porc, du filet mignon, les œufs et du sel épicé.
Farcir la double côte, ficeler et cuire à 56°C à cœur.

Jus de cochon. Suer au beurre les échalotes ciselées et le poivre mignonnette.
Mouiller au fond de cochon.
Déglacer d'un trait de vinaigre.

Dressage

Servir avec des épinards au beurre noisette, et les premières girolles.

De la salle superbement « *design*(ée) » de son restaurant, où les amateurs apprécieront les sièges Flow Chair signés Jean-Marie Massaud et les œuvres d'art contemporaines très pop, le panorama sur Lyon est exceptionnel. Au diapason, la cuisine est résolument inventive, tout en s'appuyant sur des valeurs classiques, les mariages des saveurs et les énoncés des plats étonnent, telle l'association du foie gras et du thon rouge, mais en bouche les évidences sont là, cela sonne juste !

Christian Têtedoie

*Christian Têtedoie**

▶ Voir recettes pages 046, 048, 050.

Christian Têtedoie*

Foie de veau et asperges blanches,
cuit en croûte d'agrumes, Espuma rhubarbe, artichauts et asperges braisés à l'orange

Recette de Christian Têtedoie

Progression

Foie de Veau. Parer le foie de veau, tailler des pavés de 150 g. Parer les entames de brioches, laisser sécher la mie au four à 80 ° C durant quelques heures. Prélever les zestes des oranges, laisser sécher. Mixer finement la brioche avec les zestes, passer au tamis et réserver.

Garnitures. Réduire d'un quart le jus des oranges fraîches.
Peler les asperges blanches, les oignons et tourner les artichauts poivrade.
Émincer et suer les oignons, ajouter les asperges, la moitié du jus d'orange, un peu de sel et quelques graines de coriandre. Braiser 15 mn jusqu'à l'obtention d'une texture fondante. Réaliser la même préparation avec les artichauts.
Monder, épépiner, couper en pétales les tomates. Poser sur une plaque, assaisonner avec sel + huile olive + ail émincé. Confire au four à 90° C 1h30 ou doucement sous la salamandre

Espuma rhubarbe. Peler les rhubarbes, les cuire avec le sucre sans coloration, mixer, ajouter un peu de lait, assaisonner et mettre dans un siphon avec 2 cartouches. Réserver au chaud.

Dressage

Réchauffer les asperges et les artichauts dans leur jus de cuisson. Couper les asperges et les artichauts en deux dans le sens de la hauteur .
Fariner les foies sur les 4 côtés, tremper un côté dans les œufs battus puis dans la chapelure d'orange. Colorer ce côté et celui opposé. 4 mn à 180° C.
Dresser le foie de veau et les légumes. Décorer avec des feuilles de mouron des oiseaux et ajouter l'espuma au dernier moment. Sauce à part.

Pour 6 personnes

Ingrédients

Foie de Veau
- 1 kg de foie de Veau
- 60 g de brioche
- 10 g de zestes d'orange séchés
- 1 cuillère à soupe de farine
- 1 œuf

Garnitures
- 12 asperges blanches
- 6 petits artichauts poivrade
- 1 oignon
- 1 kg d'oranges
- 1 pincée de coriandre en graines
- 1 pincée de sel
- 2 petites tomates
- 1 gousse d'ail
- 35 g d'huile d'olive

Espuma Rhubarbe
- 200 g de rhubarbe
- 20 g de sucre
- 1 cuillère à soupe de lait
- 1 pincée de sel

Jus de Veau

Déco
- Mouron des oiseaux

*Christian Têtedoie**

Homard et tête de veau

Braisée et panées aux herbes. purée d'échalotes, fèves à l'estragon. Réduction carottes & jus de homard

Recette de Christian Têtedoie

Menu Homard Printemps 2012

Progresssion

Homard. Décortiquer les homards vivants (la queue de la tête et des 2 pinces), plonger les queues ficelées par 2 dans une eau bouillante salée pendant 4 mn. Refroidir dans une eau glacée. Couper en 2 dans le sens de la largeur. Réserver dans un linge propre. Sauter au beurre + sel en arrosant. Sortir la ½ queue de sa carapace pour le dressage.

Tête de veau. Faire une chapelure verte avec 50 g de chapelure blanche et 20 g de queues de persil lavées et bien séchées, le tout passé au mixeur. Braiser les têtes de veau roulées avec carottes, oignons, eau et sel pendant 12 h. Les ouvrir tièdes, dégraisser légèrement, rouler des "boudins" de 2,5 cm de diamètre dans un film doublé, refroidir. Tailler des canons de 6 cm, et paner 2 fois avec le blanc d'œufs et la chapelure verte.

Garniture. Écosser les fèves, les blanchir dans une eau bouillante et salée. Refroidir à l'eau glacée. Peler les carottes, les tailler en sifflets et les blanchir. Peler les échalotes, les émincer, suer au beurre, déglacer vin blanc, ajouter le thym, l'ail, le sel et mouiller à hauteur. Cuire quelques minutes, mixer, passer au chinois et assaisonner.

Émulsion. Sauter à l'huile fumante les têtes de homards, déglacer et flamber au Cognac, ajouter carottes, oignons, gros sel et mouiller à hauteur. Cuire 1h en écumant à frémissement. Réduire de moitié la base du jus de homard, ajouter le jus de carottes réduit de moitié aussi. Monter au beurre. Émulsionner.

Dressage

Frire à 170°C les canons de tête de veau pendant 4 mn.
Disposer sur une assiette.
Réchauffer les fèves et carottes avec un peu de fond blanc, de beurre et d'estragon hâché. Disposer la purée d'échalotes, les carottes et les fèves.
Disposer le homard tête + pince.

Pour 8 personnes

Ingrédients

Homard

- 3 homards

Garnitures

- 500 g fèves fraîches
- 1 carotte
- 10 cl de fond blanc
- 1 branche d'estragon
- 6 échalotes
- 1 gousse d'ail
- 1 branche de thym
- 30 g de beurre
- Sel/poivre

Tête de veau

- ½ tête de veau
- ½ oignon
- Gros sel
- 1 carotte
- 3 blancs d'œufs
- 50 g de chapelure blanche
- 20 g de persil équeuté

Émulsion

- 3 têtes de homard
- 4 cl d'huile d'olive
- 4 cl de Cognac
- 1 carotte
- ½ oignon
- 30 cl de jus de carotte
- 25 g de beurre
- Sel/poivre pincée

*Restaurant Christian Têtedoie**

Foie gras et orange sanguine

terrine marbrée et croustillant muesli cromesquis de canard confit à l'orange

Recette de Christian Têtedoie

Progression

Foie Gras. Assaisonner le foie gras avec le sel fin, le sel rose, le porto, le poivre blanc. Laisser mariner quelques heures. Poser sur une grille le foie gras avec un bac récupérateur en dessous et cuire à 100° C dans un four pendant 15 mn. L'égoutter et le refroidir dans une terrine.

Gelée Orange sanguine. Porter à ébullition le jus d'orange sanguine, ajouter l'agar, puis la gélatine. Mettre la gelée à point sur glace et couler 100 g dans la terrine directement sur le foie gras.
Couler le restant dans une assiette creuse et découper des cubes de 1 cm pour la décoration.

Sablé Muesli. Sabler la farine, le beurre, les zestes, le sel et le muesli. Ajouter les œufs, étaler à 5 mm.
Tailler un rectangle de la taille de la terrine. Cuire à 170° C pendant 12mn.

Cromesquis. Confire les cuisses préalablement salées avec la graisse et le thym sous vide, 68°C en vapeur 3h (ou confire en cocotte avec 150 g de graisse de canard). Séparer la chair des os.
Prélever les zestes des oranges sanguines, lever les segments, les hâcher. Réduire à glace le jus de canard. Mélanger l'ensemble, rectifier l'assaisonnement. Mouler en ½ sphère, coller 2 ½ sphères pour en former une.
Paner 2 fois : farine, jaunes d'œufs et mélange muesli/chapelure.

Brioche. Couper en tranche de 12mm, griller des 2 côtés sous la salamandre. Envoyer chaud

Sauce. Réaliser un caramel blond , déglacer au jus d'orange sanguine chauffé, ajouter le jus de canard réduit à glace.
Rectifier l'assaisonnement.

Dressage

Poser la terrine sur le sablé et tailler la terrine en 6 rectangles.
Disposer sur une assiette avec les cubes de gelée décorés de pluches d'herbes fraiches, des points de sauces et du cromesquis.
Servir la brioche à part.

Pour 6 personnes

Ingrédients

Foie Gras
- 800 g de foie gras éveiné
- 3 g de sel Rose
- 10 g de sel fin
- 2 g de poivre blanc
- 2 g de sucre
- 24 g de Porto rouge
- 24 g de Cognac

Gelée Orange sanguine
- 13 cl de jus d'orange sanguine
- 1g de gélatine
- 1 g d'Agar agar

Sablé muesli
- 25 g de farine
- 17 g de beurre
- ½ zest d'orange sanguine
- 10 g de muesli
- 1 jaune d'œuf
- 1 pincée de sel

Cromesqui
- 1 cuisse de canard
- 15 g de graisse de canard
- 1 pincée de gros sel
- 1 pincée poivre grain
- 1 branche de thym
- 1 orange sanguine
- 5 cl de jus de canard classique
- 2 jaunes d'œufs
- 50 g de farine
- 50 g de muesli
- 50 g de chapelure blanche

Brioche
- 1 pour 9 personnes

Sauce
- 25 g de sucre
- 5 cl de jus d'orange sanguine
- 15 cl de jus de canard

Déco
- Cerfeuil, Aneth

Anthony Bonnet

*La Cour des loges**

C'est une valeur montante du paysage lyonnais. Couronné l'an passé d'une étoile Michelin, il n'a pas fini d'étonner. Il fait partie de ces cuisiniers qui aiment le corps-à-corps avec les produits, qui préfèrent un travail de fond plutôt que les assemblages incertains de la mode culinaire… Sa cuisine est profonde, aux saveurs bien campées, avec le désir sincère de donner de la gourmandise à chacun de ses plats. Un principe qui devrait lui valoir de beaux succès.

▶ Voir recettes pages 054, 056, 058.

Loges

Cannelloni *La Cour des loges** queue de bœuf et poireau braisé

Recette de Anthony Bonnet

Pour 8 personnes

Ingrédients

Pour la queue de bœuf

- 5 kg de queue de bœuf
- Porto
- 5 dm de vin rouge
- 1 dl de jus de bœuf
- 2 cl de fond de veau brun
- 2 l de fond blanc de volaille
- 3 oignons
- 4 échalotes
- 3 carottes
- 1 poireau
- 1 bouquet garni

Pour l'assaisonnement

- 100 g de truffe noire hâchée
- Huile de truffe
- Sel

Pour les poireaux glacés

- 5 jeunes poireaux
- 1 l de consommé de bœuf
- Beurre
- Sel
- 1 pincée de sucre
- 1 gousse d'ail
- 1 branche de thym
- 1 feuille de laurier

Pour la pâte à crêpe

- 1 l de lait
- 10 œufs
- 500 g de farine
- 100 g de beurre
- Sel

Progression

Poireau glacé. Laver et enlever le vert. Dans une cocotte faire suer les poireaux (assaisonner sel, sucre, ail, thym, laurier). Mouiller à hauteur avec le consommé, couvrir. Mettre au four à 170°C, arroser de temps en temps. Les poireaux doivent être fondants et bien glacés. Temps de cuisson : env. 1h.

Queue de bœuf. Émincer la garniture (oignon, échalote, etc.). Dans une cocotte, colorer la queue de bœuf, retirer et réserver. Faire revenir la garniture. Une fois cuite remettre la queue. Déglacer avec le porto et le vin plusieurs fois. Mettre le jus de bœuf et le fond de veau, mouiller à hauteur avec le fond blanc (mettre bouquet garni). Couvrir et laisser cuire 8 à 10 heures à feu doux.

Assaisonnement de la queue braisée. Égoutter la queue et mettre à réduire le jus de cuisson (à glace). Émietter la queue à chaud avec sa garniture. Une fois le jus réduit, assaisonner avec la truffe hâchée, l'huile de truffe, le sel et le jus de bœuf réduit.

Dressage

Réaliser la pâte à crêpe, laisser reposer 1h. Confectionner une crêpe, parer les 4 cotés, puis mettre 70g de queue assaisonnée à l'extrémité. La rouler. Tailler le poireau de même taille que la crêpe, dresser le tout, sur une assiette et saucer avec le reste du jus de queue de bœuf.

*La Cour des loges**

Pithiviers ou feuilleté aux ris de veau

Recette de Anthony Bonnet

Progression

Farce de veau. Faire tremper au préalable les champignons séchés. Dans une cocotte faire suer les oignons et échalotes, puis incorporer les champignons et l'eau de végétation, cuire le tout jusqu'à réduction totale du liquide. Dans une poêle, faire colorer les foies, et déglacer au cognac. Détailler le foie gras et le veau en gros morceaux. Mélanger avec le foie et la compotée d'oignon et champignon, l'ail et le thym hâché. Passer le tout au hâchoir (grille fine). Assaisonner : sel, poivre, 4 épices, porto, cognac.

Soubise. Dans une cocotte faire suer les oignons émincés avec le beurre, incorporer la farine et cuire quelques instants puis verser le fond blanc. Une fois l'oignon cuit, mixer au blinder puis passer au chinois étamine. Dans une cocotte faire suer la brunoise de carottes et d'oignons, mouiller avec la soubise et laisser cuire.

Ris de veau. Blanchir les ris de veau dans de l'eau vinaigrée, les refroidir dans de l'eau glacée. Éplucher les ris de veau et les tailler en morceaux. Les colorer au beurre dans une poêle antiadhésive, assaisonner.

Dressage

Abaisser la pâte. Chemiser un cercle à tarte, puis la foncer et farcir avec 0,025 kg de ris veau, 0,015 kg de soubise, et 0,020 kg de farce, recouvrir de pâte. Dorer le dessus, réaliser une cheminée, cuire au four à 220°C pendant 12 mn.

Pour 8 personnes

Ingrédients

Pour la farce de veau

- 1 kg de poitrine de veau
- 700 g de foie gras
- 200 g de foie de volaille
- 50 g de cèpe séché
- 50 g de trompette de la mort séchée
- 1 oignon émincé
- 2 échalotes émincées
- 10 g d'ail dégermé
- 5 branches de thym hâché
- 8 g/hg de sel
- 3 g/hg de poivre
- 0,5 g/kg de 4 épices
- Porto
- Cognac

Pour la sauce Soubise

- 4 oignons émincés
- 70 g de beurre
- 70 g de farine
- 1 l de fond de blanc de volaille
- Sel

Pour la brunoise

- 3 carottes en brunoise
- 2 oignons ciselés
- Pour le ris de veau
- 1 kg de ris de veau

Pour le feuilletage

- 1 kg de feuilletage

*La Cour des loges**

Tarte griotte

Recette de Anthony Bonnet

Pour 8 personnes

Ingrédients

Pour la pâte brisée

- 1 kg de farine
- 500 g de beurre
- 4 œufs
- 500 g de sucre glace

Pour la confiture de griotte

- 1 kg de griottes
- 700 g de sucre
- 15 g de pectine

Progression

Pâte brisée. Mélanger la farine, le beurre et le sel. Rajouter les œufs un par un. Réserver la pâte 1h au frais.

Confiture de griotte. Dénoyauter les griottes. Mettre les griottes dans une casserole avec le sucre, cuire le tout jusqu'à ce que le fruit rende son jus. Égoutter et récupérer le jus.
Mettre le jus dans une casserole. Porter à ébullition et incorporer la pectine. Une fois le mélange épaissi, rajouter les griottes.
Cuire 1 à 2 mn et les débarrasser.

Dressage

Montage. Chemiser les cercles à tarte (12 cm = tarte individuelle).
Abaisser la pâte et foncer les cercles. Piquer les pâtes.
Laisser reposer ½ heure au frais. Cuire les fonds de tarte.
Cuire à 180°C pendant 12 min. Garnir les fonds de tarte avec la confiture de griotte.

Il a fait de la « Villa florentine » une des tables les plus intéressantes du moment. De l'imagination au service d'une grande précision, tant sur le plan des cuissons, des assaisonnements que de la présentation des assiettes. Un travail à la recherche de la vérité intime de chaque produit. Un chef en plein épanouissement créatif

Davy Tissot

*Villa florentine**

▶ Voir recettes pages 062, 064, 180.

Villa Florentine
Davy Tissot

Risotto arborio cuit « al dente » et copeaux de vieux Parmesan reggiano

*Villa florentine**

Recette de Davy Tissot

Pour 2 personnes

Ingrédients

- 100 g de risotto arborio
- Crème montée PM
- Parmesan râpé PM
- 1 tomate
- ½ citron
- ¼ de botte de cerfeuil
- 30 g d'échalotes
- ¼ de botte de ciboulette
- Fond blanc PM
- Vin blanc PM
- Huile d'olive PM
- 1 gousse d'ail
- ¼ de botte de thym
- 20 g de mascarpone

Progression

Ciseler les échalotes, les mettre à suer dans une cocotte en fonte avec de l'ail et du thym. Ajouter le risotto et le faire nacrer. Ajouter le sel et le poivre. Déglacer légèrement au vin blanc ou Noilly Prat, puis mouiller avec du fond blanc et laisser cuire pendant 15 mn.

Dressage

Ajouter une pointe de mascarpone, le vieux parmesan, la ciboulette et une pointe de citron ou de vin blanc.

Montecato gamberoni

*Villa florentine**

Recette de Davy Tissot

Préparation

Brandade. Chauffer 1 l de lait puis pocher le cabillaud. Une fois poché, le dessécher dans un sautoir à l'aide d'une spatule. Dans une casserole cuire les pommes de terre couvertes à hauteur de crème, saler. Confire les gousses d'ail dans une casserole couverte à hauteur d'huile, une branche de thym.
Une fois les pommes de terre cuites, les passer au moulin à légumes ainsi que l'ail confit puis ajouter le cabillaud préalablement desséché de son lait de cuisson.

Brunoise de légumes. Tailler tous ces légumes en brunoise de 4 x 4 mm, réserver la brunoise dans un cul de poule au frais.

Eau de tomate. Tailler en mirepoix les tomates puis les centrifuger, chauffer l'eau de tomate centrifuge puis la passer dans un linge fin. Coller l'eau de tomate à la gélatine en calculant 14 feuilles pour 1 l. Réserver.

Cromesquis. Au batteur mélanger tous les ingrédients à la feuille, lier à la crème liquide jusqu'à un mélange homogène. À l'aide de moules en silicone former des 1/2 sphères de ce mélange puis les stocker au congélateur. Une fois congelées, panner les sphères en commençant par la Maïzena, le blanc d'œuf et enfin la chapelure blanche. Répéter deux fois l'opération sans la repasser dans la Maïzena. Réserver au congélateur.

Sauce tomate Toscane (pappa). Dans un rondeau ajouter de l'huile d'olive puis les gousses d'ail, saisir les tomates cerise puis les cuire à feu doux environ 1 h, retirer du feu puis ajouter le basilic , le pain dur. Filmer le rondeau puis laisser infuser environ 3 h. Mixer et passer au chinois étamine puis monter à l'huile de qualité, assaisonner sel, poivre.

Pistou. Cuire le persil épluché à l'anglaise dans une eau bouillante salée. Refroidir dans une eau glacée, mixer au blinder le persil, égoutter et monter à l'huile d'olive. Assaisonner.

Montage

À l'aide des courgettes restantes, tailler des bandes à la trancheuse à jambon dans la longueur de 5 mm. Tailler les bandes de la hauteur de l'emporte-pièce (1 cm), enrober les bandes de courgettes d'huile d'olive assaisonnée, les disposer à l'intérieur de l'emporte-pièce. Une fois la brandade refroidie, disposer 30 g de brandade au fond de l'emporte pièce.
Assaisonner la brunoise de légumes de sel, poivre et huile d'olive et un trait de Tabasco et jus de citron, disposer 20 g de cette brunoise sur la brandade de cabillaud.
Refroidir l'eau de tomate puis la couler à l'aide d'un chinois piston à hauteur. Réserver au froid.
Pocher les queues de *gamberoni* (gambas), piquées dans longueur à l'aide d'une pique à brochette, dans un court bouillon 1mn, puis refroidir dans une eau glacée, décortiquer en gardant uniquement la queue de la gamberonie.

Dressage

Dans une assiette plate, à l'aide d'une pipette de pappa et de pistou, décorer de points le fond de l'assiette. Plonger un cromesqui par assiette dans une friteuse à 180°C jusqu'à coloration, réserver au chaud. Sortir un montage puis piquer une gamberonie au centre préalablement roulée dans l'huile d'olive assaisonnée, ainsi qu'une gamberonie perpendiculaire à la première. Ajouter le cromesqui sur le montage, décorer d'herbes. Servir accompagné d'une saucière de pappa.

Ingrédients

- Queues de gamberoni

Brandade

- 500 g de cabillaud pré salé
- 500 g de pommes de terre Bintje
- 5 gousses d'ail pelées
- 1 l de lait

Brumoise de légumes

- 7 courgettes fines
- 5 courgettes beurre
- 3 poivrons rouges épluchés
- 2 concombres épluchés et vidés de leurs pépins

Eau de tomate

- 500 g de tomates Cœur-de-Bœuf
- Feuille de gélatine PM
- Sel, poivre PM

Cromesquis

- 250 g de pecorinos
- 250 g de Ste Maure de Touraine (fromage de chèvre)
- 100 g d'olives noires Taggiasch
- 100 g de brunoise de poivron rouge
- 1 botte de basilic ciselé

Sauce tomate spécialité Toscane (pappa) :

- 250 g de tomates Cerise coupées en 2
- 100 g de pain dur blanc
- 3 gousses d'ail
- ½ botte de basilic ciselé
- Parmesan râpé PM

Pistou

- 5 bottes de persil plat
- Huile d'olive PM

Guy Lassausaie

*Restaurant Guy Lassausaie***

Ses racines plongent dans la tradition lyonnaise et le meilleur de la cuisine bourgeoise. Sûr de son art, il sert la cuisine qu'il aime, sereinement attachée aux jeux des saveurs maîtrisées, aux cuissons précises. « *Il faut simplement savoir ajouter la touche invisible mais nécessaire* », assure-t-il. Certes, mais cette simple touche fait toute la différence, c'est elle qui donne une dimension, une profondeur, une émotion particulière. Il n'est pas donné à tous de savoir toucher juste !

▶ Voir recettes pages 068, 070, 072.

1993

*Restaurant Guy Lassausaie***

Œuf brouillé aux cèpes et grenouilles

Recette de Guy Lassausaie

Pour 4 personnes

Ingrédients

- 4 œufs
- 20 g de beurre
- 100 g de cèpes
- ½ gousse d'ail
- 1/8 de botte de ciboulette
- 400 g de grenouilles
- 50 g de beurre
- ½ l de fond de volaille
- 4 gousses d'ail cuites en chemise
- 2 branches de thym
- 5 cl de vin blanc
- 10 cl de crème fleurette
- 100 g de purée d'artichaut
- Vinaigrette à l'huile d'olive
- Sel, poivre, mélange d'herbes fraîches

Progression

Couper les œufs avec un toc œuf et laver les coquilles pour la présentation.
Cuire les œufs assaisonnés au bain-marie à l'aide d'un fouet et stopper la cuisson quand ils commencent à coaguler avec le beurre, passer au chinois et tenir au chaud.
Faire suer les échalotes au beurre, ajouter le vin blanc, laisser réduire à sec, ajouter le fond de volaille, cuire 15 mn, ajouter l'ail cuit, la crème et la lécithine soja. Au dernier moment, émulsionner à l'aide d'un mixeur pour obtenir une consistance mousseuse.
Couper les grenouilles en séparant les cuisses des corps à l'aide d'un ciseau, réserver les cuisses au frais, cuire les cuisses de grenouilles dans une poêle antiadhésive au beurre noisette, ajouter l'ail hâché et la ciboulette, terminer la cuisson au four, décortiquer les grenouilles et réserver au chaud.
Brosser et laver à l'eau courante les cèpes, et couper le reste en brunoise, faire sauter les cèpes rapidement au beurre avec l'ail hâché et la ciboulette ciselée, et mélanger aux grenouilles.

Dressage

Disposer au fond des coquilles une cuillère à café de purée d'artichaut, poser dedans une cuillère du mélange cèpes et grenouilles, recouvrir d'œuf et terminer avec l'émulsion.
Accompagner d'une mini tartine de pain grillé recouverte de salade d'herbes.

*Restaurant Guy Lassausaie***

Filet de féra croustillant, coulis de petits pois à l'anis

Crème d'huître acidulée au caviar

Recette de Guy Lassausaie

Pour 4 personnes

Ingrédients

- 400 g de féra en filet
- 50 g de beurre
- 100 g de kadaïf finement coupé

Crème d'huître acidulée au caviar

- 1 échalote hâchée
- 10 cl de vin blanc
- 10 cl de fond de volaille clair
- 20 g de beurre de Bresse
- 1 huître
- Sel, poivre
- 2 cl de vinaigre de citron
- 20 g de caviar

Coulis de petits pois à l'anis

- 1 échalote hâchée
- 5 cl de vin blanc
- 10 cl de fond de volaille
- 4 anis étoilés
- 30 g de beurre de Bresse
- 1 cuillère de purée de petits pois
- Sel, poivre

Progression

Crème d'huître acidulée au caviar. Mettre à suer les échalotes au beurre, ajouter le vin blanc, réduire à sec, mouiller avec le fond de volaille, laisser réduire, monter la sauce au mixer avec le beurre de Bresse et l'huître, chauffer et assaisonner, ajouter le vinaigre de citron. Passer au chinois fin. Ajouter le caviar au dernier moment.

Coulis de petits pois à l'anis. Mettre à suer les échalotes au beurre, ajouter le vin blanc et l'anis, réduire à sec, mouiller avec le fond de volaille, laisser réduire, monter la sauce au mixer avec le beurre de Bresse, lier avec la purée de petits pois, chauffer et assaisonner. Passer au chinois fin.

Cuisson de la féra. Passer au beurre fondu chaque portion de poisson et paner finement avec le kadaïf, cuire dans une poêle antiadhésive avec un peu de beurre pour obtenir une couleur blonde et une texture croustillante.

Dressage

Poser dans le fond d'assiette un disque de coulis, poser dessus la féra et entourer de sauce caviar, terminer avec une quenelle de caviar et quelques points d'huile d'herbes.

*Restaurant Guy Lassausaie***

Pigeon cuit au foin en cocotte lutée, pommes grenailles, fenouil et lentins de chêne

Recette de Guy Lassausaie

Pour 4 personnes

Ingrédients

- 2 pigeons de Bresse de 500 g
- 250 g de foin sec
- 8 gousses d'ail
- 50 g de beurre
- ½ l de fond de pigeon
- 1 carotte
- 1 oignon
- ½ poireau
- 10 cl de vin rouge
- Thym et laurier
- Sel
- Mélange 5 poivres
- Pâte à pain
- 1 jaune d'œuf

Progression

Préparer les pigeons, garder les abattis, brider pour donner une belle forme aux pigeons, assaisonner et saisir au beurre noisette pour donner une belle coloration.
Disposer dans une cocotte en fonte le foin en chemisant toutes les parois, disposer les pigeons sur le foin, mettre le couvercle et fermer hermétiquement avec une pâte à pain (lut), passer la dorure et inciser avec un couteau fin la pâte à pain à intervalle régulier. Cuire au four 12 mn à 200°C, laisser reposer 5 mn avant de servir.
Préparer le jus en faisant revenir au beurre les abattis et la garniture de légumes taillés grossièrement, laisser bien colorer, déglacer avec le vin rouge, laisser réduire, ajouter l'ail et les aromates, mouiller à hauteur avec le fond de pigeon et cuire environ 1 h à feu doux.
Passer le jus au chinois et lier le jus avec une noix de beurre.

Ouvrir la cocotte devant les convives pour qu'ils recueillent toutes les odeurs de ce plat.

DECOUVERTES
BAHADOURIAN
Tartare de Saumon
Tartare de Thon
Grenouilles Fraiches
(selon Arrivage)
VINS
SIBILIA
RESTO HALLE

Visages

Les mères lyonnaises,
Florence Périer, Colette Sibilia,
Brigitte Josserand, Jacotte Brazier,
Arlette Hugon.

Nous avons tous une madeleine en tête…

… une émotion sur le bout de la langue. La mémoire est sélective, c'est entendu, mais ne serait-elle pas sentimentale ? Que reste-il dans nos souvenirs d'un dîner au restaurant ? Sur quoi le temps n'a-t-il pas de prise ? La question a été soumise aux clients de la chaîne Relais & Châteaux, à l'occasion d'une enquête conduite par le célèbre réseau hôtelier. Elle a été posée quelques jours après un dîner, puis de nouveau quelques mois plus tard, et enfin au bout d'un an. « *Pour la clientèle française*, explique Patrick Henriroux, vice-président de cette institution, *un mot revient toujours, quel que soit le temps écoulé : émotion !* » Nous y voilà.
Mais d'où vient-elle cette émotion ? Est-il suffisant de servir des grenouilles, des ris de veau, des volailles de Bresse, pour qu'un sentiment naisse ? L'excellence d'un terroir assure-t-elle à elle seule le service émotionnel ? Chez Patrick Henriroux, à Vienne, plus de cent fournisseurs sont situés dans un périmètre de moins de vingt kilomètres autour de sa « Pyramide ». Comme le dit si pertinemment le chef doublement étoilé : « *Le terroir permet une expression.* » Est-ce là, dans l'expression, qu'il faut chercher la source de toutes les émotions ? Dans l'esprit, plutôt que dans la matière ?
D'une rencontre avec une personne, nous gardons une image parfois floue, les traits du visage sont incertains, on connaît la fragilité du témoignage. Ce qui reste plus sûrement, c'est ce faisceau d'impressions qui forme un tout, sans contour précis. La personne physique s'efface pour laisser la place à la personnalité. En matière de gastronomie, c'est un peu la même chose. Peu à peu, le dressage des assiettes s'oublie, les goûts eux-mêmes s'évaporent, il est souvent difficile, à moins d'être un expert, d'énoncer le nom des plats dégustés. Subsiste l'émotion. Et celle-ci est intimement liée au chef, à ses intentions, aux sentiments qu'il insuffle dans la construction et la réalisation d'une recette. Comme dans tout travail de création, le point de vue, le regard, l'instinct, la culture donnent le sens de l'expression.
Il arrive que cette force créative soit si puissante, les choix si déterminants, qu'un chef marque son époque. Alors, les jeunes apprentis viennent prendre auprès de lui ses tours de main, son approche des produits, s'imprègnent de son style. À Lyon, la gastronomie a connu de belles et grandes personnalités qui ont influencé de façon décisive des générations de cuisiniers.

À l'évidence, dans la galerie des portraits, dans le « *hall of fame* » de la cuisine lyonnaise, les mères tiennent des places de choix. Des reines mères ! Avec, bien sûr, la plus couronnée de toutes : Eugénie Brazier. Doublement triple étoilée par le Guide rouge. Un firmament pour elle seule.
Brazier, un nom bien porté ! Une photographie célèbre, en noir et blanc, la montre en majesté, avec pour sceptre une cuillère à la main, émergeant d'un nuage de vapeur : olympienne ! Déesse du feu, bien entendu, avec ce qu'il faut d'autorité ; déesse nourricière également, avec ce qu'il faut de générosité. Son caractère, ses coups de gueule, son exigence et son infatigable énergie ont laissé des traces dans les mémoires. Paul Bocuse, qui fut son élève, inventa même cette petite ritournelle sur l'air bien connu de Charles Trenet, une plaisanterie, certes, mais qui en dit long : « *La mère, qu'on entend gueuler, le soir au col de la Luère.* » Pas certain, qu'elle ait eu des reflets changeants…
Ce qui est sûr, c'est qu'Eugénie Brazier n'était pas une mamie gâteau, comme le confie aujourd'hui Jacotte Brazier, sa petite-fille : « *À 6 ans, elle nous avait donné un tablier et on essuyait les verres. Le travail passait avant les caresses, les gentillesses. Le restaurant était toute la vie d'Eugénie. J'y ai longtemps réfléchi, et je pense aujourd'hui que, pour elle, la cuisine était simplement un métier, peut-être pas une passion. Sa passion c'était sa clientèle. Elle travaillait toute l'année, sauf quand elle n'avait plus que le restaurant du col de la Luère, là elle fermait en janvier et en février.* »
Chez la Mère Brazier, la carte ne changeait pas, on venait pour ses poulardes demi-deuil, ses fonds d'artichauts au foie gras ou sa langouste Belle-Aurore. Dans son merveilleux livre de souvenirs intitulé *La bonne chère**, Paul Bocuse qualifie cette recette de grand œuvre : « *On faisait bouillir les langoustes,* se remémore-t-il. *On les découpait en se brûlant les doigts, puis on les mouillait à la crème ; on ajoutait un peu de tomate concentrée, sel et poivre, et c'était tout.* » Simple comme Brazier… D'Eugénie, il dit encore ceci : « *Elle était habitée par un sens inné de la cuisine, une grâce disparue aujourd'hui avec elle.* »
C'est en 1945 que Monsieur Paul est entré à son service, il apprend avec elle les principes fondamentaux auxquels sa cuisine ne dérogera jamais : des produits de haute qualité, sublimés par le travail. Bien d'autres suivront et réciteront le bréviaire du col de la Luère. On pense bien sûr à Bernard Pacaud, lui aussi

Eugénie Brazier… Dans l'arbre généalogique des cuisiniers lyonnais, elle occupe la place de la mère originelle…

* Flammarion, 1998.

La cuisine est affaire de transmission, il faut un moteur et des rouages pour que l'attelage s'anime.

triplement étoilé à « L'Ambroisie », son restaurant de la place des Vosges à Paris. À onze ans, enfant abandonné, il est placé dans un orphelinat des monts du Lyonnais. À quinze ans, il fait son apprentissage chez la Mère Brazier, qui l'accueille avec une attention particulière. Elle avait perdu sa mère à 10 ans et connaissait bien l'histoire des filles et des fils sans famille.

Deux des plus grands chefs de France sortent de son giron. Ce n'est pas rien. Dans l'arbre généalogique de la famille des cuisiniers lyonnais, elle occupe la place de mère originelle. S'il fallait trouver du côté masculin un alter ego, il n'y aurait pas bien loin à chercher. À Vienne, un énorme personnage révolutionnait la gastronomie. À la « Pyramide », Fernand Point enseigna le premier une cuisine dépouillée d'artifices, déjà en quête de légèreté. Une cuisine directe, sans faux-semblant. Certes élaborée, mais toujours dévolue à l'expression la plus fidèle du goût des choses.

La cuisine est affaire de transmission, il faut un moteur et des rouages pour que l'attelage s'anime. À Vienne, une génération de chefs prendra son essor. Outre Paul Bocuse, Alain Chapel, les frères Troisgros et Louis Outhier, pour ne citer qu'eux, seront ses fils spirituels. Une vraie fratrie… Il suffit de relire ce que furent les recettes qui permirent à Louis Outhier, à La Napoule, d'obtenir les trois étoiles Michelin : bar en croûte, turbot au champagne, poularde braisée à la crème, langouste Belle-Aurore et filet de sole au Noilly, pour comprendre la proximité d'esprit entretenue avec Paul Bocuse, qui prépare toujours aujourd'hui à Collonges le bar en croûte, la volaille de Bresse, le turbot au champagne et les filets de sole aux nouilles Fernand Point… Frères de sens.

À son tour Paul Bocuse est devenu le maître auprès duquel tous les jeunes veulent venir se former, ainsi Pierre Gagnaire aiguisa, lui aussi, ses couteaux tout un été dans les cuisines de Collonges. « *Nous sommes tous passés chez lui à un moment de notre carrière* » souligne Franck Delhoum qui, avant d'ouvrir son « Potager des halles », a tout connu de l'univers Bocuse : Collonges, tout d'abord, puis les brasseries, le Nord, l'Est et l'Ouest, où il fut chef de cuisine… Parcours complet ! Aujourd'hui, ce n'est pas un hasard si un centre de formation d'excellence, l'Institut Paul-Bocuse d'Écully, porte son nom.

Cette volonté de transmettre, Daniel Léron la porte aussi en lui depuis longtemps.

Daniel Léron

À Lyon, il suffit d'évoquer son nom pour qu'aussitôt, on vous confie sous le ton de la confidence : « *C'était le plus grand saucier de la ville.* » C'est aussi un « Meilleur Ouvrier de France », qui exerça ses talents en dernières noces chez « Daniel et Denise » établissement désormais repris par Joseph Viola, qui en a fait, paradoxe ontologique, un bouchon de luxe. Daniel Léron ne tient plus cuisine ouverte, mais il est le plus courtisé des « anciens ». Les cuisiniers lyonnais, qui veulent se confronter au jugement de leurs pairs et briguer le titre de Meilleur Ouvrier de France, le sollicitent pour des *master class*. Un coaching très prisé : « *Quand un jeune vient me voir,* dit-il, *je regarde déjà ce qu'il a fait. Puis nous travaillons ensemble. En général, dans ce genre de concours, les thèmes portent sur des recettes classiques avec une part de technique importante. J'aime beaucoup enseigner, j'aime la pédagogie. Effectivement de nombreux aspirants au titre de M.O.F me font confiance. Ce fut d'ailleurs le cas de Joseph Viola, qui aujourd'hui a pris ma suite de belle manière. Cela me fait plaisir de voir que « Daniel et Denise », l'établissement que j'ai créé, se porte bien, alors que tant de restaurants, Vettard et autres, ont disparu.* » Et Daniel Léron, qui l'avait formé ? « *J'ai travaillé chez Point, la première fois en 1959, puis en 1962. Il avait dix ans d'avance sur tout le monde, pour la justesse des cuissons, notamment.* » Retour aux sources…

De génération en génération se constitue ainsi une lignée. Davy Tissot et Anthony Bonnet, tous deux étoilés, à la « Villa florentine » pour le premier et à la « Cour des loges » pour le second, ont été à la même école, celle de Jean Brouilly à Tarare. « *Je n'ai jamais travaillé avec un homme qui a autant de cœur. Il s'entend avec toutes les générations. Quand j'étais en cuisine avec lui, il avait 63 ans, et il restait ouvert à toutes les suggestions. J'étais jeune et loin d'avoir son expérience, sa connaissance et pourtant il me disait souvent "Et toi, tu ferais ça comment ?" C'est une chance d'avoir appris à ses côtés.* »

Aujourd'hui, Jean Brouilly est un jeune homme de plus de 70 ans et sa curiosité pour le travail des « gamins » est toujours intacte : « *Les chefs que j'ai formés ont parfois repris des maisons. Les débuts sont toujours difficiles, ils n'ont pas de personnel, avec peu de moyens, ils font une très belle cuisine qui m'émeut. Je sens chez ces jeunes une volonté de donner une sincérité aux produits qu'ils travaillent avec un souci de digestibilité, et d'équilibre. On peut bien manger chez eux et ensuite bien dormir… Ce qui n'était pas toujours le cas, jadis, avec notre bonne vieille cuisine lyonnaise.* » Jean Brouilly est fier de ses enfants.

S'il y a des familles d'esprit, il y a plus certainement encore des familles de sang. De père en fils se poursuivent les traditions, les savoir-faire. Paul Bocuse est fils de cuisinier, Jean-Paul Lacombe, Christophe Marguin, Guy Lassausaie et Jean-Christophe Ansanay-Alex également. Tous gardent la mémoire des gestes,

De père en fils se poursuivent les traditions, les savoir-faire, tous gardent la mémoire des gestes, l'amour des produits…

l'amour des produits travaillés ensemble, en cuisine. Christophe Marguin a ainsi reçu en héritage la « rana esculenta », la grenouille verte en bon français. Dans son restaurant des Échets, à quelques sauts de batraciens du centre de Lyon, elle est partout, dans les assiettes, en chair et en os, sur les murs, en peinture, sur les meubles, en porcelaine, jusqu'au poignet de Christophe, en fermoir de bracelet. Déjà, en 1933, sa grand-mère Catherine proposait à ses clients des fricassées, beurre, persil, une pointe d'ail. Les recettes les plus simples sont celles qui voyagent le mieux. Ces poêlées sont toujours à la carte du restaurant : « *Savoir que, depuis 1906, ma famille travaille ici me donne de la force.* » Quatre générations vouées au culte de la grenouille. Et sans un couac, depuis près de 106 ans…

Sur l'île Barbe, Jean-Christophe Ansanay-Alex, à 23 ans, reprend les rennes de l'auberge familiale. Au même âge, Guy Lassausaie en fait autant dans son village de Chasselay. Ils sont, aujourd'hui, l'un et l'autre doublement étoilés. « *Mon père ne m'a jamais bloqué dans mes envies, dans mes élans,* se souvient Jean-Christophe. *Il a servi de garde-fou, il m'a responsabilisé, sur l'argent notamment. Il faut dire que j'avais précédemment travaillé pour la famille Onassis. Questions moyens, évidemment, c'était illimité. De retour dans l'île, il a fallu que je règle le tir. Les débuts étaient rudes, nous avons traversé des moments de doute, et en 1993 la première étoile est arrivée. À ce moment-là, j'ai pensé m'exiler en Californie, la tentation était forte de monnayer cette reconnaissance, mais je me suis dit que travailler dans la maison familiale avait du sens, que ce lieu était magique.* » Une bâtisse vénérable, construite en 1651, sur une île de la Saône, où s'élevait déjà au Ve siècle une abbaye, où Charlemagne fonda une bibliothèque. En effet, cela donne quelques racines, des racines tournées vers la terre autant que vers le ciel. La deuxième étoile est donc naturellement arrivée en 2002, récompensant un travail serein, lisible. Mieux vaut rester auprès de son arbre, les tilleuls lyonnais valent bien les séquoias californiens…

Mais tous les chefs lyonnais ne sont pas engagés dans la course aux étoiles. « *C'est d'ailleurs très difficile aujourd'hui de vouloir faire un restaurant de haute gastronomie,* estime Pierre Orsi. *Beaucoup plus délicat qu'à mon époque.* » Quand on demande au cuisinier de la place Kléber ce qu'il ferait aujourd'hui à Lyon s'il avait 20 ans, et le désir de créer un établissement, la réponse ne se fait pas attendre : « *Un steack house ! La gastronomie cela représente trop de frais.* »

Jean Brouilly

Si la gastronomie devient inabordable, selon les canons édictés par les guides, elle reste tout à fait vivante, dans ce que l'on rassemble, parfois un peu vite, sous la dénomination de bistronomie. Le terme est bien pratique, il permet tout, la décontraction du service et le sérieux du travail en cuisine, pour le meilleur… Sept cuisiniers ont ainsi créé, en 2010, l'association des « Gueules de Lyon ». Ce qui les rassemble ? L'amitié, les bons moments et, bien sûr, la cuisine. Ils ont inventé un concept qui connaît un grand succès : six fois dans l'année, ils organisent des « battles », des combats de chef. L'idée est simple. Deux chefs, parfois quatre en équipe de deux, s'affrontent lors d'une joute culinaire. Les rencontres sont annoncées sur le site internet de l'association (www.gueulesdelyon.com) et en quelques heures, les places sont prises d'assaut. Pour chaque étape du dîner, amuse bouche, entrée, plat, dessert, un thème est décidé, sur lequel les chefs improvisent chacun une recette. Les clients de cette soirée particulière reçoivent en début de repas une petite fiche sur laquelle ils indiquent leur choix au fil de la dégustation. À la fin du combat, les comptes sont faits. Celui qui a obtenu le plus grand nombre de suffrages remporte la bataille. « *Que l'on perde, ou que l'on gagne,* explique Franck Delhoum, *ces expériences sont toujours pleines d'enseignements. Nous sommes en prise directe avec les avis des clients. C'est intéressant de voir qu'un des plats que l'on a construit pour l'occasion ne rencontre pas les préférences des convives, cela permet ensuite de réfléchir différemment quand on construit sa carte et ses menus.* »
Ces « battles » ont donné du peps aux soirées lyonnaises, elles ont également permis de d'ouvrir une formidable vitrine sur le travail de cette jeune génération. « *C'est utile,* souligne Olivier Paget. *Nous sommes tous dans le registre de la bistronomie, que certains guides ne mettent pas à l'honneur. Pourtant, nous faisons chaque jour une cuisine dans les règles de l'art, avec un rapport qualité/prix nettement plus favorable à la clientèle. À « L'Âme Sœur », vous ne trouverez pas de plat-signature,*

Aujourd'hui, Jean Brouilly est un jeune homme de 70 ans et sa curiosité pour le travail des « gamins » est intacte.

À Lyon, les Mères ont toujours leur mot à dire, leur cuisine reste haute en couleurs.

comme dans les établissements étoilés. Mon travail est plus spontané, tous les jours il y a quelque chose de nouveau et d'intéressant à cuisiner. Toutes les semaines, les menus changent. »

Même s'il n'appartient pas aux « Gueules de Lyon », Olivier Belval est sur la même longueur d'onde. Lui aussi dans « Mon bistrot à moi » propose une bistronomie réjouissante : « *Nous ne sommes plus dans un schéma de gastronomie classique,* dit-il, *on installe un rapport plus simple avec la clientèle. En cuisine, nous travaillons des produits sans doute moins prestigieux pour pouvoir tenir des prix raisonnables. Nous devons magnifier ce que nous avons en main. Nous faisons un vrai travail de cuisinier.* »

Olivier Belval est membre des célèbres « Toques blanches ». L'association est née en 1936, elle regroupe aujourd'hui plus d'une centaine de chefs cuisiniers, elle a fortement contribué au rayonnement de la cuisine lyonnaise. « *C'est un socle, nous avons une grande chance de faire partie de la plus vieille association culinaire de France,* insiste Joseph Viola. *Nous avons besoin de nous rassembler, notre métier est dur, exigeant. On s'échange des conseils, des idées, des tuyaux. On se dépanne, pour une question de personnel ou pour trouver un bon producteur. C'est important de savoir que l'on peut appeler Pierre, Paul ou Jacques, pour un coup de main. On se sent conforté, on a toujours besoin d'être épaulé.* » De la fraternité...

Pourtant, à Lyon, les hommes n'ont pas remplacé les femmes. Si ce monde de la gastronomie fut longtemps marqué par un machisme des plus virils, dans « la capitale des Gueules », les mères ont toujours leur mot à dire. Aujourd'hui encore, elles tiennent d'une main ferme la barre de leurs bouchons, de leurs bistrots, et leur cuisine reste haute en couleurs.

Dans le paysage local, « Le café du peintre » est un nouvel entrant, mais la patronne, Florence Périer, est une fenotte* pur jus. « *Je suis née dans une cuisine,* sourit-elle, *j'ai eu mes biberons entre un tablier de sapeur et des entrecôtes de charolais. Mon père travaillait au contrôle vétérinaire des restaurants, ma grand-mère et ma*

* Le mot "gone" étant du genre masculin, la fenotte est son féminin. S'emploie dans le sens aimable, comme tous les diminutifs (selon Nizier duPuitspelu, Le Littré de la Grande Côte)

mère cuisinaient « Chez Périer », à Perrache, près du marché de gros. C'était un vrai « club », chez mes parents. Ma grand-mère avait un caractère terrible, il fallait montrer patte blanche. C'était un fief où il fallait être accepté, adoubé. On venait de la part d'un tel ou d'un tel... Mon père savait choisir les viandes. À la sortie de l'école, je le rejoignais, son bureau était dans les abattoirs situés juste en face du restaurant. Drôle d'environnement pour un enfant. Mais j'ai appris, moi aussi, à reconnaître une belle viande. Ma famille m'a donné le virus de la cuisine, à 11 ans, je n'aurai pas raté un service pour tout l'or du monde. Aujourd'hui, ouvrir mon propre établissement est un aboutissement. Je m'inscris totalement dans la tradition lyonnaise. Je fais ce que je sais faire, ce que j'ai vu pratiquer dans mon enfance, en apportant une touche plus moderne de gastronomie, que je connais aussi parfaitement. »

Comme Florence Périer, Brigitte Josserand au « Café du Jura » se sent héritière des mères lyonnaises. Son bouchon est un des fleurons de la ville. « *Cela fait 38 ans que je cuisine ici,* assure-t-elle. *J'avais 19 ans quand on a repris cette adresse avec mon mari. On a eu un coup de cœur pour l'endroit. J'étais autodidacte et très gourmande. J'ai d'abord fait les recettes de mes prédécesseurs, petit à petit je me suis perfectionnée. J'ai évolué avec le temps, mais les produits de base sont toujours là : pied de veau, tête de veau, andouillette, tripes à la lyonnaise, le gâteau de foie. Ma clientèle recherche les plats que faisaient leurs grand-mères. La façon de vivre a changé, on ne prend plus le temps de mijoter chez soi des vieilles recettes.* » Des mères lyonnaises, Brigitte Josserand peut également revendiquer le caractère : « *Oui, il m'arrive de prendre des coups de sang. Mais je sais qu'on les pardonne, car l'assiette est à la hauteur. J'ai une clientèle très variée, des « people » viennent ici, et je ne leur fais surtout pas signer de livre d'or. Chez moi, tous les clients sont des citoyens comme les autres.* » Egalité, fraternité... Et tête de veau pour tout le monde !

Cette immense convivialité de la fourchette, du couteau piqué dans la terrine, Arlette Hugon, dans son bouchon éponyme, la couve sous son aile. « *L'accueil est peut-être un peu bourru, mais chez nous il y a du cœur. Nous sommes ici depuis 27 ans. Nous avons repris une affaire qui appartenait à un Monsieur Barbet, l'adresse était très réputée, d'ailleurs Barbet m'a certifié qu'Edouard Herriot a prononcé ici sa célèbre phrase sur l'andouillette et la politique.* » Arlette travaille avec son mari, Henri, à qui Paul Bocuse a dit un jour : « *Henri, vous avez une tête de bouchon.* » Rien ne pouvait davantage le ravir : « *Quand on me dit : "Vous tenez un restaurant", je réponds : "Pas d'insulte, s'il vous plaît !"* »

Dans un bouchon on parle fort, on mange coude à coude, démocratie de la bouche et du ventre. Sans abstention ! Mais attention aux contrefaçons, les attrape-touristes ne manquent pas. Mieux vaut se renseigner et frapper aux bonnes portes, elles sont bien connues. On ne peut pas tricher longtemps avec la sincérité des plats servis, et difficile de s'inventer une gueule quand on n'en a pas. Dans un bouchon, il faut les deux. Mariage rare, certes, mais heureux !

Joseph Viola

Bouchon « Daniel et Denise »

Ce Meilleur Ouvrier de France met sa connaissance de la cuisine au service de plats exemplaires de la gastronomie lyonnaise. « Daniel et Denise » est plus qu'un bouchon, un lieu de référence pour une cuisine de tradition. Un sublime pâté en croûte au foie gras et ris de veau, pour lequel Joseph Viola a été sacré champion du monde en 2009, pourrait à lui seul séduire les appétits les plus exigeants. « Daniel et Denise » a désormais une annexe dans le quartier Saint-Jean, même esprit, même ambiance.

▶ Voir recettes pages 088, 164, 166.

2004
Daniel Léron

Tarte de boudin aux oignons confits

Bouchon « Daniel et Denise »

Recette de Joseph Viola

Pour 4 personnes

Ingrédients

- 200 g de feuilletage
- 800 g de boudin
- 600 g d'oignons
- ¼ l de fond de veau
- 50 g de beurre
- Sel
- Poivre d'Espelette
- 1 brin de thym
- 1, 5 feuille de laurier
- 1 gousse d'ail
- Farine
- 500 g de pommes Golden

Progression

Cuisson du feuilletage. Étaler le feuilletage à 2 mm d'épaisseur. Le piquer. Cuire le feuilletage entre deux plaques au four à 180°.

Cuisson des oignons. Dans une cocotte en fonte, faire colorer avec le beurre et les oignons émincés. Ajouter le thym, le laurier et l'ail puis assaisonner de sel et poivre. Cuire à couvert, à feu très doux pendant 2 heures. Ajouter 5 cl d'eau si nécessaire.
Au terme de la cuisson, les égoutter.

Cuisson de la sauce. Dans une casserole, faire bouillir le fond de veau. Ajouter 80 g de boudin et mixer très finement à l'aide d'un mixeur. Rectifier l'assaisonnement de sel et poivre d'Espelette et réserver.
Poêlée de pommes Golden fondantes.

Montage

Détailler le feuilletage cuit au même diamètre que le cercle.
Poser le cercle sur une plaque à pâtisserie. Ajouter des rondelles de 5 mm d'épaisseur de boudin au fond du cercle puis les oignons. Entre les deux couches de boudin rajouter une poêlée de pommes fondantes confites et de nouveau des tranches de boudin.
Tasser légèrement. Enfourner la tarte dans un four à 150° pendant 20 mn.
Au terme de la cuisson, sortir la plaque. Ajouter le rond de feuilletage à l'intérieur du cercle. Prendre un plat de service et retourner la tarte sur celui-ci. Badigeonner la tarte avec la sauce boudin très chaude et servir.

Arlette Hugon

Bouchon « Chez Hugon »

Arlette et Henri Hugon ont fait de leur bouchon de la rue Pizay un temple pour les amoureux de la cuisine lyonnaise, la vraie. Tout y est, le cochon dans tous ses états, les abats dans leur meilleure forme, les sauces qui mijotent et le patron qui bougonne quand ça lui prend. Une bouffée de bonheur simple comme bonjour, mais un bonjour qui a furieusement l'accent des gones et des fenottes.

▶ Voir recettes pages 092, 168.

7

Bouchon
« Chez Hugon »

Gratin de pieds de cochon façon Hugon

Recette de Arlette Hugon

Pour 4 personnes
Préparation : 20 mn
Cuisson : 2 heures

Ingrédients

- 6 pieds de porc
- 1 paquet de couenne
- Vin blanc sec
- 1 oignon
- Clous de girofle
- Thym et laurier
- 4 épices
- Sel et poivre
- Panure

Progression

Mettre les pieds et le paquet de couenne dans un fait tout.
Recouvrir avec moitié vin blanc sec et moitié eau.
Ajouter un oignon, des clous de girofle, du thym, du laurier, les 4 épices, du sel et du poivre, et faire cuire 2 heures.
Après cuisson, retirer les pieds et les couennes.
Désosser les pieds (enlever juste les gros os).
Ranger les pieds dans un plat à gratin et mélanger avec les couennes.
Arroser avec le court bouillon jusqu'aux trois quarts des pieds et saupoudrer de panure.
Mettre au four chaud de 30 à 45 mn.
Servir très chaud.

Le peuple des grenouilles tremble devant un nom : Marguin ! Il a tort. Aux Échets, depuis 106 ans, la famille Marguin voue un culte au petit batracien, qu'elle sert fricassé, rôti, sauté, escorté de tomates confites, de galettes de pommes de terre, de fines herbes… Aujourd'hui, Christophe Marguin perpétue la tradition dans les grandes règles de l'art. Sans un couac !

Christophe Marguin

Hôtel Restaurant Christophe Marguin

▶ Voir recettes pages 096, 097.

DE FRANCE
Christophe

Hôtel Restaurant Christophe Marguin

Grenouilles simplement sautées au beurre et fines herbes

Recette à la façon de Jacques Marguin

Pour 4 personnes

Ingrédients

- 800 g de grenouilles fraîches
- 200 g de beurre
- 100 g de persil hâché
- 20 g d'ail hâché
- Sel, poivre

Préparation

Faire fondre le beurre dans une poêle et lorsqu'il a fini de mousser poser rapidement les grenouilles sur le côté le plus dodu en premier, saler et poivrer. Lorsqu'elles sont bien colorées, les retourner une à une à l'aide d'une spatule puis faire colorer sur l'autre face, saler, poivrer. Débarrasser dans un plat parsemé de persillade (persil + ail) et servir très chaud.

Omble Chevalier aux mousserons et asperges crues

Hôtel Restaurant Christophe Marguin

Recette de Christophe Marguin

Pour 4 personnes

Ingrédients

- 14 filets d'omble chevalier
- 400 g de mousserons lavés
- 8 asperges vertes

Préparation

Passer les asperges vertes à la mandoline et les mettre dans l'eau glacée.
Égoutter les asperges puis saler, poivrer et recouvrir d'un filet d'huile de noix.
Poêler les mousserons au beurre, saler, poivrer.
Poêler les filets d'omble chevalier au beurre.
Dresser en répartissant harmonieusement les copeaux d'asperges vertes et la poêlée de mousserons autour du filet d'omble chevalicr.

Gilles Maysonnave

Bouchon « Chez Brunet »

Natif de la Croix-Rousse, Gilles Maysonnave, a repris en 1979 le bouchon-comptoir Brunet. Simplicité, attention, respect, voilà les maîtres mots de son accueil et de sa cuisine. De beaux produits apprêtés avec soin, une atmosphère, de l'âme, et voilà le bouchon comme on les aime : franc, direct et généreux !

▶ Voir recettes pages 100, 174.

LES TOQUES BLANCHES LYONNAISES
Gilles Maysonnave
Bouchon Comptoir

Ragoût de béatilles *Bouchon « Chez Brunet »*

Recette de Gilles Maysonnave

Pour 6 personnes
Temps de préparation : 30 mn
Temps de cuisson : 3h puis 4 heures

Ingrédients

- 500 g de crêtes de coq
- 500 g de cœur de coq (ou de volaille)
- 500 g de gésiers de coq ou de volaille
- 500 g de rognons de coq
- 1,5 l de vin rouge (un Morgon)
- 400 g de poitrine salée
- 15 cl de fond de veau
- 6 carottes
- 4 oignons
- 3 échalotes
- 2 branches de céleri
- 2 gousses d'ail
- 6 cuillères à soupe de vinaigre blanc
- 30 g de beurre
- 1 bouquet garni (composé d'un vert de poireau enfermant une feuille de laurier, une branche de thym, 6 queues de persil)
- 2 branches de thym
- 2 feuilles de lauriers
- Sel et poivre du moulin

Progression

La veille, faire blanchir les crêtes de coq pendant 10 mn à l'eau bouillante salée. Découper en deux les gésiers et les nettoyer. Dans une casserole remplie de 3 l d'eau froide, ajouter le vinaigre, les crêtes de coq (découpées en trois si elles sont grosses) et les gésiers. Ajouter une branche de thym et deux feuilles de laurier. Faire cuire pendant 3 heures. Égoutter et réserver la cuisson.
Le jour même, préchauffer le four à 150/160° (thermostat 5).
Dans une cocotte en fonte, faire colorer la poitrine salée coupée en gros lardons. Débarrasser. Dans 30 g de beurre, faire suer les carottes coupées en grosses rondelles (ou tournées), les échalotes, les oignons et le céleri branche émincés dans 30 g de beurre jusqu'à légère coloration.
Ajouter les crêtes de coq, les cœurs, les rognons, les gésiers et les rognons. Faire suer délicatement. Singer (saupoudrer) avec une cuillère de farine et laisser cuire quelques instants. Mouiller au vin rouge, ajouter le fond de veau et compléter avec la cuisson réalisée la veille jusqu'à hauteur. Ajouter le bouquet garni et les gousses d'ail. Saler et poivrer.
Placer au four et faire mijoter à couvert pendant 4 heures.
30 minutes avant la fin, ajouter les lardons réservés.
Servir très chaud avec une pomme vapeur.

Brigitte Josserand

Bouchon « Le Jura »

L'esprit des mères lyonnaises est bien vivant au « Café du Jura » où Brigitte Josserand propose une cuisine pleine de gouaille et de vigueur. Un bouchon comme on en rêve, sans concession, avec la qualité des produits proposés. On ne cherche pas midi à 14 heures, ici on cuisine de l'authentique, une plongée dans un répertoire bien connu, lyonnais jusqu'au bout des pieds… de veau ou de cochon.

▶ Voir recettes pages 104, 176.

Bouchon « Le Jura »

Crépinettes de pieds de porc, jus réduit au persil

Recette de Brigitte Josserand

Pour 4 personnes

Ingrédients

- 1 crépine
- 2 pieds de porc cuits
- 100 g de lard salé
- 50 g de trompettes de la mort séchées
- 1 œuf
- Poivre
- 2 cuillères à soupe de cognac
- 200 g de crépine de porc
- 5 cuillères de persil ciselé
- Jus de rôti

Progression

Faire tremper les trompettes de la mort dans de l'eau tiède durant 30 mn, puis bien les rincer et les essorer.
Faire tremper la crépine dans un peu d'eau durant 5 mn, et la poser sur un papier absorbant.
Désosser les pieds et les couper en petit morceaux, réserver les os.
Hacher le lard salé avec les trompettes de la mort.
Attention, ne pas saler : le lard est déjà salé.
Mélanger dans un grand récipient : les pieds, le hâchis de lard et des trompettes, l'œuf, le cognac, poivrer.
Diviser le mélange en 4 parts égales, et tapisser 4 bols de crépine, poser les parts de mélange à l'intérieur et envelopper chacune dans la crépine avec précaution. La crépine ne doit pas être percée.
Faire rassir les crépinettes au frigo une demi journée.
Paner à l'œuf une seule fois.
Cuire au four dans un plat avec un peu d'huile 15 mn à 180°C.

Dressage

Jus réduit au persil : dans une casserole, mouiller d'eau les os et de jus de rôti, faire réduire, puis filtrer et rajouter le persil.
Napper 4 assiettes de jus, y déposer les crépinettes, servir avec des pommes vapeur ou pommes de terre sautées.

Florence Périer

Bouchon « Le Café du Peintre »

Tombée dans la marmite de la cuisine lyonnaise dès sa plus tendre enfance, Florence Périer s'inscrit dans le droit fil d'une tradition qu'elle revisite par un travail dans le goût du jour. Des produits scrupuleusement choisis et préparés avec un grand sens de la générosité et de la gourmandise. Epaulée par son fils, Maxime, elle sait régaler son monde avec une cuisine de sincérité et de plaisir. « Le Café du Peintre » est aujourd'hui une adresse solide dans le paysage lyonnais.

► Voir recettes pages 108, 109, 178.

Cuisine
Café du Peintre

Boudin noir aux deux pommes

Bouchon « Le Café du Peintre »

Recette de Florence Périer

Préparation

Choisir chez votre boucher ou votre charcutier un boudin artisanal avec des morceaux de gras et aux oignons.

Couper des cylindres de 6 centimètres, 5 par personne, les faire rissoler de tous les cotés. Réserver sur un papier absorbant.

Cuire les rattes au beurre après les avoir lavées sans les éplucher.

Pour les pommes, choisir des pommes qui ne s'écrasent pas à la cuisson.
Les éplucher et les couper en 6 quartiers. Les faire rissoler à la poêle avec du beurre, laisser caraméliser de chaque coté.
Réserver au chaud.

Dresser harmonieusement sur assiette, repasser un peu au four pour servir bien chaud.

Cervelle d'agneau meunière

Bouchon « Le Café du Peintre »

Recette de Florence Périer

Pour 8 personnes

Ingrédients

- 12 cervelles
- 18 rattes
- 2 citrons,
- 3 gousses d'ail,
- Persil hâché,
- Sel et poivre
- Bouquet garni

Préparation

Cuire des rattes à l'eau avec la peau.
Pocher les cervelles dans l'eau avec un bouquet garni environ 10 minutes, les égoutter, les fariner, les faire rissoler à la poêle avec un peu de beurre et d'huile.
Les colorer sur toutes les faces, déglacer avec le jus de citrons.
Dresser dans un plat allant au four, ajouter du beurre dans la poêle avec un peu d'ail émincé, verser sur les cervelles et ajouter les rattes coupées en deux.
Finir la cuisson au four chaud environ 10 mn.

La brasserie « Léon de Lyon » est une institution qui sait bouger avec son temps. Jean-Paul Lacombe veille à tout, l'accueil parfait, des produits au top, et une cuisine sur mesure. Un lieu de mémoire qui nous rafraîchit les idées sur les classiques d'une gastronomie solidement ancrée sur des fondamentaux en phase avec nos aspirations contemporaines. Ainsi, on se régalera d'une pressée de langue de veau aux petits légumes, d'une cuisse de volaille fermière désossée, farcie d'herbes crues. Tradition et modernité…

Jean-Paul Lacombe

Brasserie « Léon de Lyon »

▶ Voir recettes pages 112, 114, 194.

J.P.L

Brasserie « Léon de Lyon »

Salade de pieds de veau (ou pieds d'agneau), sauce Jean-Vignard, salade de pommes de terre et mâche

Recette de Jean-Paul Lacombe

Pour 10 personnes

Ingrédients

- 1, 5 kg de pieds de veau ou d'agneau cuits
- 50 g de moutarde
- 5 œufs
- 3 dl d'huile blanche
- 5 dl de vinaigre rouge
- 60 g de farine
- Sauce Worcestershire
- 150 g de crème épaisse
- 500 g de pommes de terre BF
- 250 g de mâche
- 2 dl d'huile d'olive

Progression

Confectionner une mayonnaise avec 2 jaunes d'œufs, 50 g de moutarde et 3 dl d'huile blanche.
Dans une casserole, mélanger 1dl de vinaigre rouge avec 60 g de farine et faire bouillir.
Incorporer cette préparation encore chaude dans la mayonnaise.
Ajouter la crème fraîche épaisse pour la détendre.
Assaisonner sel, poivre et sauce anglaise.

Découper les pieds en petits morceaux et les assaisonner avec cette sauce. Mettre de côté.

Cuire les pommes de terre avec la peau, les peler à chaud.
Une fois refroidies, les tailler en rondelles et les assaisonner à la vinaigrette normale.
Trier et laver la mâche.
Cuire les œufs à dur, les écaler et les hâcher.

Dressage

Dans une assiette creuse, mettre une grosse cuillère de pommes de terre au fond et d'un côté 2 cuillères de pieds de veau, et de l'autre un bouquet de mâche. Parsemer d'œufs hâchés et de quelques herbes pour décorer.

Gigot d'agneau rôti, jardinière de légumes

Brasserie « Léon de Lyon »

Recette de Jean-Paul Lacombe

Pour 8 personnes

Ingrédients

- Gigot d'agneau de 2 kg
- 15 g de sel
- 2 g de poivre
- 5 cl d'huile
- 100 g de beurre
- Un oignon
- Deux gousses d'ail
- Thym et laurier (PM)
- Sel et poivre (PM)
- 15 cl de vin blanc
- 200 g de carottes
- 200 g de navets
- 200 g de flageolets verts
- 80 g de beurre

Progression

Saler et poivrer le gigot. Placer le gigot dans un plat avec l'huile et le beurre. Mettre le plat au four à 180°C pendant 45 mn. Au trois quarts du temps, ajouter l'oignon émincé, les gousses d'ail coupées en gros dés, le thym et le laurier. Retirer le gigot cuit et le laisser reposer 15 mn.
Pour la sauce, déglacer le fond du plat avec 1/2 verre de vin blanc et un verre d'eau. Laisser réduire et passer le tout au chinois.
Pour la jardinière de légumes, détailler les carottes et les navets en bâtonnets de 3 à 4 cm. Les faire cuire à l'eau bouillante séparément. Faire cuire les flageolets dans de l'eau bouillante sans sel. Une fois tous ces éléments cuits, les rassembler et les lier au beurre.

Dressage

Découper une belle tranche de gigot, déposer à côté une cuillère de jardinière et napper de sauce.

Il a magistralement remporté le pari de faire revivre cette institution lyonnaise qu'est le restaurant de « La Mère Brazier ». Il trace un chemin clair entre l'héritage des lieux et son inspiration personnelle. Avec un talent certain, il ajoute à l'histoire de la maison une nouvelle page, contemporaine, gourmande, précise.

Mathieu Viannay

*La Mère Brazier***

▶ Voir recettes pages 118, 196, 198.

Salade de homard et radis blanc, citron vert et pomme verte

*La Mère Brazier***

Recette de Mathieu Viannay

Pour 4 personnes

Ingrédients

Pour le tartare de homard
- 300 g de pommes
- 300 g de radis noir
- 200 g de gelée d'escabèche hâchée
- 300 g de homard
- Ciboulette ciselée
- Sel/piment d'Espelette
- Mayonnaise
- 1 citron vert

Pour la gelée d'escabèche
- 1 l d'eau
- 100 g d'échalotes
- 4 grains de poivre
- ½ carotte émincée
- 65 g Xérès
- 65 g Noilly Prat
- 65 g miel

Pour la vinaigrette de pomme
- 6 pommes vertes
- 4 branches de céleri avec les feuilles bien vertes
- 200 g de citron vert
- 200 g d'eau
- 1 pochon balsamique blanc
- 10 g xantane

Progression

Tartare de homard. Tailler la pomme et le radis en fine brunoise. Ajouter la gelée d'escabèche et le homard hâché. Assaisonner avec la ciboulette ciselée, la mayonnaise, le jus de citron vert, sel et piment d'Espelette. Rouler le tartare dans une fine bande de radis noir blanchi pendant 30 secondes.

Gelée d'escabèche. Faire frémir dans une casserole et infuser pendant 20 mn.
Faire bouillir 200 g de vin blanc et 6 g de sel et réunir à la précédente préparation. Passer au chinois et coller à 12F au litre Couler la moitié du bouillon en dôme pour les bonbons, et l'autre moitié en boîte pour la hâcher.

Vinaigrette de pomme. Tailler et épépiner les pommes. Mixer au blinder avec le céleri, l'eau et le jus de citron vert.
Passer au chinois et récupérer 700 g du jus. Lier avec les 10 g de xantane puis finir avec le balsamique blanc (env. 1 pochon).

Certaines personnes ont le pouvoir de marquer leur époque. Paul Bocuse est de cette trempe. Au-delà de sa cuisine - un dîner à Collonges reste toujours un moment inoubliable -, son charisme a permis à la gastronomie lyonnaise, et par là-même française, de rayonner au plan mondial. L'immense popularité dont il jouit n'a pas changé une once de sa personnalité, il reste un amoureux des bords de Saône, un homme qui privilégie l'amitié et les bonheurs simples. Un monument bien vivant.

Paul Bocuse

*L'Auberge du Pont de Collonges****

▶ Voir recettes pages 122, 124, 200.

*L'Auberge du Pont de Collonges****

Soupe aux truffes noires V.G.E

Recette de Paul Bocuse

Pour 1 personne

Ingrédients

- 1 cuillère de Noilly Prat
- 1 cuillère de truffe
- 20 cl de consommé double de bœuf
- 25 g de truffes noires
- 10 g de foie gras
- 10 g d'un mélange en parties égales de carottes, oignons, céleri et champignons taillés en très petits dés et revenus au beurre
- 30 g de bœuf cuit (paleron) coupé en petits dés de 5 mm
- Sel marin, poivre du moulin
- 1 disque de pâte feuilletée de 60 g
- Jaune d'œuf pour la dorure

Progression

Mettre la garniture au fond de la soupière : les légumes, le bœuf coupé en dés, le foie gras coupé en morceaux et les truffes en tranches fines.

Ajouter le Noilly Prat, le jus de truffe et le consommé.
Poser le disque de pâte feuilletée sur la soupière et bien presser les bords afin qu'il concentre tous les parfums de la soupe à l'intérieur de la soupière.

Badigeonner avec le jaune d'œuf, glisser au four préchauffé à 220°C et faire cuire 18 à 20 mn, sortir du four et servir.

(*Recette extraite d'une publication Flammarion*)

PAUL BOCUSE
Soupe aux truffes V G E
Elysée 1975

*L'Auberge du Pont de Collonges****

Filets de sole aux nouilles fraîches

Recette de Paul Bocuse

Pour 2 personnes

Ingrédients

- 1 sole de 600 g environ (faire lever les filets par le poissonnier)
- 150 g de nouilles fraîches
- 1 grosse tomate
- 2 jaunes d'œufs
- 1 verre de vin blanc de Pouilly-Fuissé
- 50 g de beurre
- 100 g de crème fraîche épaisse
- 50 g de champignons
- 1 grosse carotte
- 1 bouquet garni : blanc de poireau, un quart de feuille de laurier, 3 brins de thym, 2 branches de céleri
- 1 cuillère à café de gros sel
- 1 cuillère à soupe d'huile d'olive

Progression

Mettre le bouquet garni, la cuillère de gros sel et l'arrête de la sole dans une casserole, couvrir d'eau et faire réduire à feu moyen. Pendant ce temps, beurrer un plat allant au four.
Y disposer au fond l'échalote épluchée et hachée, puis les champignons émincés ainsi que la tomate épluchée et concassée.
Saler et poivrer les filets, les poser sur les légumes, puis verser le verre de vin blanc et un verre de fond de poisson dès qu'il est réduit. Mettre au four pour amener à ébullition.
Retirer le poisson et le garder au chaud. Faire encore réduire, puis ajouter la crème fraîche (moins une cuillère à soupe que vous garderez pour la suite).
Faire bouillir de l'eau salée dans laquelle vous aurez versé l'huile d'olive. Y jeter les pâtes et laisser cuire 3 mn. Égoutter, ajouter le beurre, poivrer et les disposer dans un plat beurré. Les recouvrir des filets de sole.
Délayer les jaunes d'œufs avec une cuillerée de crème, et les incorporer aux légumes. Verser les légumes sur les filets et passer le tout sous le grill pour colorer.
Bien surveiller, 2 mn devraient suffire.

Servir aussitôt.

(*Recette extraite d'une publication Flammarion*)

PAUL BOCUSE
PAUL BOCUSE

Éric Lambolez

*Restaurant Jean Brouilly**

Il fallait du cran et une grande confiance en soi pour reprendre une maison aussi fortement marquée par son fondateur. Eric Lambolez a su imposer un style à la suite de Jean Brouilly. La grande maison bourgeoise de Tarare est entre de bonnes mains et les petites fleurs du jardin illuminent toujours des assiettes parfaitement maîtrisées.

▶ Voir recettes pages 128, 130, 206.

*Restaurant Jean Brouilly**

Risotto de queues d'écrevisses et girolles en émulsion

Recette de Éric Lambolez

Pour 4 personnes

Ingrédients

- 1,2 kg d'écrevisses 16/20
- 100 g de riz Arborio
- 2,5 dl de vin blanc
- 200 g de carottes
- 100 g d'oignons
- 2 gousses d'ail
- Persil ,sel poivre,
- Huile d'olive
- 2 dl de crème fleurette

Progression

Préparer les légumes, les émincer et les regrouper dans une marmite avec le vin blanc et deux litres d'eau, saler et poivrer fortement. Cuire à petit bouillon 10 mn.
Châtrer les écrevisses au moment, et les plonger dans la cuisson bouillante, cuire 1 mn, quand elles sont bien rouges, les refroidir à l'eau glacée. Décortiquer les queues, réserver.
Nettoyer et faire sauter les girolles à feu vif, égoutter et conserver le jus.
Faire revenir le riz légèrement à l'huile d'olive, assaisonner, déglacer au vin blanc et poursuivre la cuisson en ajoutant de la cuisson d'écrevisses petit à petit. Crémer en fin de cuisson.
Émulsion : réduire 1 dl de cuisson de girolles et 1 dl de court-bouillon de moitié, ajouter 1 dl de crème fleurette, et chauffer sans bouillir.

Dressage

Poêler les girolles avec les queues d'écrevisses et une persillade. Dresser en assiette creuse sur le risotto, émulsionner la sauce au mixer, napper et servir aussitôt.

Escalope de ris de veau grillée, béarnaise verveine et citron confit

*Restaurant Jean Brouilly**

Recette de Éric Lambolez

Pour 4 personnes

Ingrédients

- 600 g de ris de veau
- 150 g de beurre
- 1 échalote
- 12 feuilles de verveine (séchées ou fraîches)
- 1 citron
- 50 g de sucre
- ½ dl de vin blanc
- ½ dl de vinaigre
- 2 jaunes d'œufs

Progression

Parer les ris de veau et les dégorger à l'eau froide pendant une nuit (on ne peut utiliser que la pomme du ris de veau, la partie la plus tendre, évitez les ris de gorge).

Citron confit. Laver le citron et l'éplucher à l'économe, émincer la peau finement et la faire bouillir à l'eau, égoutter et confire avec le jus du citron et le sucre.

Béarnaise. Faire une réduction avec l'échalote, le vin blanc, le vinaigre.
Fondre le beurre avec la verveine et bien laisser infuser.
Émulsionner les jaunes d'œufs sur la réduction et incorporer le beurre fondu, sans les feuilles de verveine.
Détailler chaque pomme de ris de veau en deux escalopes, fariner, huiler et marquer vivement au grill.
Repartir les zestes sur les tranches et finir la cuisson 5 mn à four chaud.

Dressage

Dresser dès la sortir du four avec éventuellement un jus de viande, et béarnaise à part.

Patrick Henriroux

*La Pyramide***

Chaque jour Patrick Henriroux se plonge avec délice dans les allées du marché de Vienne, le deuxième plus important de France. Trois kilomètres de promenade à la recherche des meilleurs produits. C'est là qu'il puise la créativité de ses recettes qui font de sa Pyramide un des hauts lieux de la gastronomie française… En digne successeur de Fernand Point.

▶ Voir recettes pages 134, 136.

Bœuf de Salers, côtes de blettes, butternut, lard Colonnata, jus de Syrah

*La Pyramide***

Recette de Patrick Henriroux

Pour 6 personnes

Ingrédients

- Six pièces de bœuf de Salers taillées dans la poire
- Deux côtes et feuilles de blettes bien plates
- Deux butternuts
- 14 petites pièces de gnoccheto de courge
- Six tranches de lard de Colonnata
- Six tranches de foie gras cru taillées en spirale
- Six têtes de salade Cordifole
- 100 g de grosses échalotes
- Un filet de liqueur de cassis
- Un dl de jus de bœuf
- Une graine d'anis étoilé
- Cinq graines de poivre noir
- Un filet de bouillon de volaille
- 10 g de beurre fondu
- Un zeste d'orange
- Un bouquet garni
- Un quart de litre de vin de Syrah

Progression

Séparer les blancs et les verts de blettes. Éplucher les blancs et les cuire dans une eau, jus de citron et thym jusqu'à cuisson fondante. Égoutter. Les tailler en rectangles, réserver au chaud.
Éplucher et détailler les butternuts à la forme que vous souhaitez (épaisseur 1 cm). Les cuire doucement dans un plat au four avec une gousse d'ail et un peu de bouillon de volaille. Réserver au chaud.
Pocher à l'eau bouillante les gnocchetos de courge et les rouler dans un peu de beurre fondu, saler, poivrer, ajouter un zeste d'orange dessus.
Faire revenir l'échalote ciselée avec le bouquet garni, l'anis étoilé, le poivre noir. Ajouter le vin rouge, réduire le tout de moitié, ajouter la liqueur de cassis puis le jus de bœuf. Réduire jusqu'à consistance nappante et brillante. Lier avec une noisette de beurre frais. Réserver au chaud.
Cuire les pièces de bœuf au sautoir à la cuisson désirée, les laisser reposer sur une grille pâtissière 10 mn environ. Dans le sautoir de cuisson des pièces de bœuf faire revenir les verts de blettes au beurre, les égoutter.

Dressage

Dans six petits bols, poser au fond le vert de blettes et les gnocchetos de courge. Dans une grande assiette, poser d'un côté les blancs de blettes et de l'autre les butternuts. Au centre, ajouter les pièces de bœuf coupées en deux, ajouter dessus les lamelles de lard Colonnata, les spirales de foie gras et la salade Cordifole. Quelques traits de jus de Syrah au fond de l'assiette.

Marbré de foie gras au vin d'Epices, pulpe de yuzu *La Pyramide***

Recette de Patrick Henriroux

Pour 4 personnes

Ingrédients

- 400 à 500 g de lobe de foie gras de canard
- Sel
- Poivre du moulin
- 1 g de sucre semoule

Pour le vin d'épices

- 370 g de Vin de cépage syrah
- 120 g de Porto
- Un zeste de citron
- Un zeste d'orange
- 5 g de mélange quatre épices
- Un clou de girofle
- Une graine d'anis étoilée
- Un bâton de cannelle
- Une cuillère à soupe de miel d'acacia
- Une cuillère à soupe de glucose
- Mettre tous les ingrédients de la recette dans une casserole à bords hauts et droits et laisser réduire jusqu'à l'état sirupeux. Passer dans une étamine pour retirer les impuretés et réserver.

Pour la pâte de fruit

- Un demi-litre de pulpe de yuzu (Cap Fruit)
- 400 g de sucre semoule
- 200 g de glucose
- Faire un mélange de 90 g de Vitpris et de 70 g de sucre semoule

Progression

Dénerver le foie gras sans trop le déstructurer, assaisonner avec la pesée et laisser mariner 30 à 35 mn. Par la suite, badigeonner les lobes avec le vin d'épices réduit. Reformer le foie gras à son état initial et cuire sous vide dans une ambiance à 65° et cuisson à cœur à 57°, glacer aussitôt pour bien le refroidir. Le foie gras peut être confectionné 4 à 5 jours avant, il n'en sera que meilleur.

Progression pour la pâte de fruit

Porter à ébullition la pulpe de yuzu Cap Fruit avec le glucose et le sucre semoule, y ajouter le mélange Vitpris et sucre semoule, faire bouillir 5 à 6 mn et débarrasser aussitôt dans un Silpat en couche fine, réserver au frais.

Dressage

Tailler une jolie tranche de foie gras que nous disposerons sur une pâte de fruit Yuzu formée selon votre choix. Ajouter quelques pousses de salades, des billes de pommes et de coings confits ainsi que des fleurs. Pour déguster vous pouvez accompagner votre plat de toasts.

Franck Delhoum

Le Potager des halles

Être Marseillais à Lyon, cela donne du piment… C'est lui qui l'affirme, et on le croit sur parole. Formé dans l'univers Bocuse, il sait aujourd'hui parfaitement parler le lyonnais, même si sa cuisine garde l'accent chantant de ses origines. Et cela donne des mariages colorés, à l'image de ses grenouilles associées au chorizo. On voyage dans une assiette toujours chaleureuse et gourmande.

▶ Voir recettes pages 140, 142.

Crème d'ail doux, grenouilles fraîches poêlées, émulsion de persil et chorizo ibérique

Le Potager des halles

Recette de Franck Delhoum

Pour 4 personnes

Ingrédients

- 400 g de grenouilles fraîches
- 3 têtes d'ail
- 2 bouquets de persil
- 1 dl de fond de volaille
- 1 l de crème UHT
- 12 tranches de chorizo ibérique
- Sel, poivre PM
- Piment d'Espelette PM
- 1 dl d'huile de friture
- Farine PM
- 150 g de beurre

Progression

Peler 3 têtes d'ail.
Blanchir 2 têtes trois fois ; les mettre à cuire dans 50 cl de crème pendant 30 mn.
Mixer et réserver au chaud.

Faire bouillir le fond de volaille ; blanchir le persil 5 mn dedans et retirer le persil.
Mettre le reste de crème et faire épaissir.
Mixer avec le persil et réserver au chaud.

Émincer l'ail restant, le frire pour en faire des chips.
Fariner les grenouilles et les mettre à poêler avec le beurre.

Dressage

Étaler la crème d'ail doux ; dresser les grenouilles harmonieusement.
Émulsionner la sauce persil et en répartir un peu.
Ajouter 3 tranches de chorizo par assiette et quelques chips d'ail.

Le Potager des halles

Quasi de veau rôti rosé, carottes anciennes, échalotes et jus grassouillet

Recette de Franck Delhoum

Pour 4 personnes

Ingrédients

- 4 pavés de quasi de veau de 150 g chacun
- 2 bottes de carottes anciennes
- 1 botte de carottes fanes
- 10 échalotes
- Sel, poivre PM
- 2 branches de cerfeuil
- 1 dl de jus de veau
- 200 g de beurre
- 1 tête d'ail
- 2 branches de thym
- Huile d'olive PM

Progression

Peler les carottes et les échalotes ; couper deux échalotes et les carottes en gros morceaux. Les mettre à cuire dans de l'eau un peu salée environ 40 mn.
Égoutter et mixer avec 70 g de beurre.
Réserver.

Laver les carottes fanes et anciennes ; raccourcir les fanes.
Cuire les carottes anciennes dans de l'eau un peu salée ; les éplucher après cuisson avec la pointe d'un couteau.
Réserver.

Préchauffer le four à 200°C.
Dans un plat à four, mettre les carottes fanes avec 100 g de beurre, le thym et l'ail en chemise ; arroser d'huile d'olive.
Enfourner 15 mn, puis baisser la température du four et poursuivre la cuisson 15 mn en arrosant légèrement.
Réserver.

Cuire les échalotes dans de l'eau salée.
Réserver.

Mettre une poêle à chauffer avec un peu d'huile.
Rôtir les quasis avec le beurre restant ; les mettre rosés et les faire tirer.
Réchauffer les garnitures et les quasis à la poêle avec les échalotes.
Dresser harmonieusement.

Formé à l'école Lacombe, chez « Léon de Lyon », Olivier Belval porte en lui la cuisine du marché dont il joue à merveille. De la fraîcheur, de la qualité au service de plats inspirés, simples et malins… Classique, certes mais avec de l'esprit. Une vraie passion pour le contact et la relation avec ses clients, qui le lui rendent bien. Dans son bistrot, Olivier installe quotidiennement une atmosphère alerte et souriante. Un plein de bonne humeur et de belles saveurs !

Mon bistrot à moi

Olivier Belval

▶ Voir recettes pages 146, 148, 150.

Salade *Mon bistrot à moi*
de pommes de terre, cèpes et girolles

Recette de Olivier Belval

Pour 6 personnes

Ingrédients

- 700 g de pommes de terre Rosesalt
- 400 g de cèpes
- 400 g de girolles
- 50 g d'échalotes
- 50 g de cerfeuil
- 1 cl de jus de viande

Vinaigrette :

- 3 cl d'huile de noisette
- 1 cl de vinaigre de vin
- Sel, poivre
- 30 g de moutarde

Progression

Mettre les pommes de terre à cuire doucement dans de l'eau salée, départ à froid.
Piquer avec un couteau pour voir la cuisson.
Refroidir et éplucher les pommes de terre.
Les tailler en gros cubes.
Faire la vinaigrette dans un cul de poule.
Mettre le sel, le poivre, le vinaigre de vin avec la moutarde.
Bien fouetter et ajouter l'huile de noisette.
Mettre sur les pommes de terre avec l'échalote ciselée et le cerfeuil hâché.

Les cèpes et les girolles. Laver les champignons sans les laisser dans l'eau. Tailler les cèpes en gros morceaux, laisser les girolles entières. Dans une poêle avec l'huile de noisette et beurre noisette, ajouter les champignons. Les faire dorer. Assaisonner. Récupérer le jus des champignons, l'ajouter au jus de viande. Puis réduire en demi-glace.

Épaule d'agneau confite aux légumes printaniers

Mon bistrot à moi

Recette de Olivier Belval

Pour 6 personnes

Ingrédients

- Epaule d'agneau désossée, 1, 5 kg
- 1 oignon
- 1 carotte
- 1 branche de céleri
- 1/2 tête d'ail
- ½ l de vin blanc
- 2 l de fond de veau

Légumes

- 1 botte de carottes fane
- 500 g de fèves
- 500 g de petits pois
- 500 g de pommes de terre ratte
- 1 botte de navets longs

Progression

Saler et poivrer l'épaule d'agneau. Éplucher et tailler la garniture oignon, céleri, carotte.
Dans une cocotte, mettre avec huile et beurre l'ail et les légumes.
Ajouter ensuite l'épaule d'agneau.
Bien faire colorer puis mouiller à hauteur avec le vin blanc et le fond de veau.
Laisser à couvert cuire à couvert pendant 10 h au four 130°.
Ensuite sortir l'épaule d'agneau, enlever délicatement la ficelle et rouler l'épaule d'agneau dans un papier film, la conserver au froid 24 heures.
Faire réduire le jus et ajouter l'assaisonnement.

Les légumes. Écosser les petits pois et fèves, les cuire 1 mn dans l'eau salée et les refroidir. Éplucher délicatement les carottes et navets, cuire 2 mn à l'eau chaude. Laisser la peau aux pommes de terre rattes, cuire 2 mn à l'eau et ensuite les finir à colorer au beurre. Ajouter les légumes ensemble.

Dressage

Tailler en 6 grosses rondelles l'épaule d'agneau, enlever le papier film ; la faire revenir en température dans une poêle Tefal avec un peu de beurre. Dans une grande assiette, mettre la rouelle d'épaule d'agneau confite, ajouter les légumes puis une bonne louche de jus d'agneau.

Mon bistrot à moi

Clafoutis aux cerises au coulis de fruits

Recette de Olivier Belval

Pour 5 personnes

Ingrédients

- 60 g de poudre d'amande
- 60 g de sucre glace
- 20 g de farine
- 120 g de blancs d'œufs
- 100 g de beurre de noisette
- 80 g de crème liquide
- 2 jaunes d'œufs
- 300 g de cerises

Coulis de fruits rouges :

- 100 g de framboises
- 100 g de fraises
- 50 g de sucre
- 2 cuillères d'eau

Progression

Appareil à clafoutis. Mélanger la poudre d'amande au sucre glace avec la farine. Ajouter les blancs d'œufs. Bien fouetter le tout. Mettre le beurre sur le feu, jusqu'à devenir noisette. L'ajouter à l'appareil. Bien remuer et finir avec la crème liquide et les jaunes d'œufs.

Pour le coulis. Dans une casserole, mettre les fruits déjà lavés et égouttés avec le sucre et l'eau sur le feu. Ensuite, passer au mixer.

Confection de clafoutis. Prendre des moules individuels Tefal, les chemiser avec du beurre fondu et de la farine. Mettre une louche d'appareil à clafoutis. Mettre environ 10 belles cerises avec des noyaux dans les moules. Cuire 15 mn à 185°. Laisser refroidir. Démouler.

Dressage

Servir dans une assiette creuse avec une louche de coulis.

L'Âme sœur Olivier Paget

Son credo : apporter de la créativité à des produits choisis avec soin. « *Il faut être cuisinier* », dit-il, et ce n'est pas une parole en l'air. À l'école de Pierre Gagnaire, à qui il voue une admiration profonde, il a appris la spontanéité et la science des saveurs. Sa cuisine est inspirée, tournée vers l'essentiel : le goût des choses, tout simplement.

▶ Voir recettes pages 154, 202.

L'Âme sœur Crapaudine de caille aux pommes de terre nouvelles et foie gras chaud, croustillant de sésame Recette de Olivier Paget

Pour 4 personnes

Ingrédients

- 4 cailles
- 200 g de foie gras de canard cru taillé en quatre lamelles
- 2 oignons
- 400 g de pommes de terre nouvelles
- 50 g de beurre, plus 50 g pour le croustillant au sésame
- 4 g d'eau
- 60 g de sucre.
- 20 g de glucose
- 70 g de graines de sésame
- Sel et poivre

Progression

Préparer l'appareil à croustillant aux graines de sésame en mélangeant le beurre, l'eau, le sucre, le glucose puis fondre le tout dans une casserole. Ajouter alors les graines de sésame. Étaler l'appareil sur une plaque et cuire 5 à 6 mn à 150° au four. Après refroidissement, faire de jolis morceaux au couteau. Cuire les pommes de terre à l'eau bouillante salée 15 mn. Une fois cuites, les couper en lamelles et les ajouter dans une poêle aux deux oignons émincés et revenus au beurre frais. Découper les cailles en crapaudine, en les ouvrant en deux par le dos. Poêler les tranches de foie gras dans une poêle très chaude, réserver au chaud, puis dorer les cailles dans la graisse rendue par les escalopes de foie gras à la poêle.

Dressage

Poser les cailles sur les escalopes de foie gras, puis disposer dessus les croustillants au sésame, entourer de pommes de terre.

Héritages

Revoir « La grande illusion », « L'homme tranquille », « Les demoiselles de Rochefort », relire Conrad, Proust, Balzac, revoir Capri…

Les grands classiques sont inépuisables, toujours neufs, encore plus neufs que l'imprévu, que l'inédit. Pas une ride, le lien sentimental se noue encore et encore. On en reprend, on se ressert à l'infini.
Il faut être gourmand, certes, sinon rien n'est possible, pour savourer les classiques d'une gastronomie comme on savoure une page du vieil Ernest, pour succomber au charme sensuel et lyrique d'une poularde demi-deuil, pour saisir la poésie rustique des brioches aux grattons.
Il faut plonger dans ses souvenirs de famille si l'on veut percevoir l'attachement particulier qui nous lie à une recette. Pour certains, c'est en cassant la croûte dorée d'un vol-au-vent qu'une enfance apparaît, comme un génie surgissant d'une lampe dans un tourbillon d'étoffes. C'est en plongeant une petite cuillère dans un ciel de crème anglaise, où voguent des nuages d'œufs à la neige, que se dessine le sourire d'une mémé Louise.
Pour qu'ils naissent, une vieille maison de famille est recommandée, elle n'est pas indispensable. On se régale aussi bien en puisant dans la marmite que dans une porcelaine de Sèvres. Brillat-Savarin avait une de ces propriétés de campagne, où se rassemblent les cousinades, où les vieilles tantes sans enfant viennent soupirer pendant l'été en regardant une marmaille volubile et indifférente courir dans le jardin. Traditionnellement, le 9 septembre, jour de foire du village de Vieu-en-Valromey, dans le Bugey, on se rassemblait dans cette maison de famille pour honorer la mémoire de Jean-Anthelme Brillat-Savarin. Nous sommes dans les années trente, 1830… Lucien Tendret, le neveu de l'auteur de la *Physiologie du goût*, nous décrit dans son livre intitulé *La table de Brillat-Savarin* l'un de ces dîners où l'on servait invariablement un oreiller de la Belle Aurore, ainsi nommé en hommage à la mère du gastronome, Claudine-Aurore Récamier. L'oreiller en question est un pâté en croûte majuscule, un grand œuvre, un sommet de l'art culinaire où s'unissent savamment gibiers et viandes de veau, abats et truffes, volailles et champignons. Dans la semaine de Noël au Nouvel An, l'oreiller fait courir le tout Lyon gourmand vers la rue des Archers où la famille Reynon le prépare de magistrale façon depuis les années cinquante, 1950… Georges Reynon, le fils de Claudius Reynon, fondateur de la maison, nous en a confié la recette, reproduite (voir p. 184) sans une retouche. Prenez note, elle est homérique !
Chaque année, treize oreillers sont confectionnés, entre le 24 décembre et le 1er janvier : « *On prépare deux autres pièces pendant le mois de janvier, pour les clients*

qui ne sont pas présents à Lyon pendant les fêtes », précise Georges Reynon. Le montage de cet ouvrage d'art nécessite un plan précis, dûment notifié par Claudius, l'empereur charcutier. « *L'assemblage de l'ensemble mobilise, selon les étapes de préparation, entre deux et trois personnes,* reprend Georges Reynon. *Mon père se chargeait du positionnement final des différents ingrédients. Il est important que chaque tranche recèle une portion de l'ensemble des ingrédients. C'est en 1990, que j'ai réalisé mon premier oreiller, c'était très émouvant. J'en ai pleuré, je peux le dire.* » C'est aujourd'hui au tour du fils de Georges Reynon de poursuivre la tradition : « *Une chose me fait extrêmement plaisir,* ajoute Georges, *désormais, depuis près de quatre années, le mercredi, mon petit-fils nous rejoint. Il met sa tenue et travaille avec nous. À son âge, je n'en faisais pas autant.* » Nous pouvons dormir sereinement, les Reynon veillent sur l'oreiller…
Il n'y a pas moins de souvenirs dans les petites choses que dans les grandes. À côté des trente-deux kilos d'un oreiller de la Belle Aurore, les petites brioches aux grattons ne pèsent pas bien lourd. Claudius les préparait pour ses copains, qu'il retrouvait pour jouer aux cartes dans un café de la Croix-Rousse. Elles aussi sentent bon l'histoire de la gourmandise lyonnaise où le populaire n'est jamais bien loin.
De peu, on fit beaucoup dans les bistrots et les bouchons. La tripe et les abats auront rarement connu pareille fortune, la fortune du pot, sans aucun doute. Du pied aux oreilles tout y passe, on fricasse, on mijote, on marine, on cherche par tous les procédés à rendre savoureux ce qui résiste sous le couteau. Le tendre, le filet, les côtes n'ont pas besoin de tant d'efforts. La beauté cachée des laids se voit-elle toujours sans délai ? Pas sûr. Il faut du temps pour attendrir les durs à cuir. Le tablier de sapeur servi au « Café du Jura » n'aurait pas les mêmes bontés sans sa marinade d'une nuit. Il faut trancher, triturer, malaxer et quand la chair n'a plus de contours, il faut lui dessiner une nouvelle figure. Quoi de plus rigoureux qu'une tranche de pâté en croûte : strict maintien de la gorge de porc, du quasi de veau, du foie gras, enchâssés comme une mosaïque dans son cadre de pâte brisée. Quoi de plus ergonomique qu'un saucisson ? Un saucisson, c'est de la nourriture prête aux voyages ! Il est dans la musette du pêcheur, du chasseur, il se cale dans le panier d'osier, attendant son heure pour se glisser entre deux tranches de pain. Slow Food, l'association internationale, qui milite pour une alimentation associant plaisir et responsabilité, a identifié en France une liste de quinze produits menacés de disparition. On y trouve pêle-mêle la poule gasconne, le porc noir de Bigorre, la brousse du Rove, le pélardon affiné, les fromages des estives des Pyrénées béarnaises… À cette liste, Georges Reynon souhaiterait voir ajouter le saucisson de Lyon : « *Il est en grand danger,* assure-t-il. *Plus personne ne sait ce qu'est le vrai saucisson de Lyon. Il est fait avec des lardons taillés à la main dans le plus fin et le plus ferme du gras de porc. La chair est hâchée le plus finement possible. De tous les saucissons, c'est le plus compliqué à réaliser. Le sec et la rosette sont confectionnés avec les mêmes viandes, ce qui change c'est le malaxage de l'ensemble. Le saucisson de Lyon demande une longue fabrication, mais j'en appelle à mes confrères, on ne peut pas laisser partir cet emblème !* » Beau plaidoyer pour un chef-d'œuvre culinaire en péril. Gourmands, mobilisez vous ! Exigez le retour du vrai saucisson de Lyon !

Et ne le confondez pas avec le saucisson qui vient se blottir dans son chausson de brioche. Colette Sibilia en est la reine. Connaître Colette, c'est l'aimer aussitôt. En épousant Jean-Maurice, elle est entrée dans le métier : « *Mes beaux-parents étaient charcutiers. C'est ma belle-mère qui m'a tout appris, et qui m'a supportée. J'avais du caractère, mais j'étais vaillante. C'est un métier que j'ai adoré, comme j'ai adoré mes beaux-parents. J'ai pris la suite en faisant en sorte de toujours acheter de beaux cochons, en étant perfectionniste sur tout, mais en sachant aussi rester sur des choses simples. Voilà tout !* » Colette Sibilia a vendu son affaire des Halles Paul-Bocuse, ce qui ne l'empêche pas, au terme d'un accord avec le propriétaire, d'être là tous les jours. « *J'ai élevé mes cinq filles, et je suis fière de leur réussite, comme de celles de mes petits-enfants. Personne ne souhaitait prendre la suite, ce n'est pas grave, alors j'ai trouvé un repreneur.* » Mais les halles sont sa vie et Colette est là le matin : « *Je vitupère encore quand quelque chose ne tourne pas comme il faut, je ne suis plus la patronne, mais on m'entend, croyez moi...* » Pourtant, Colette est la plus aimable des personnes : « *Que voulez-vous, j'aime les gens. Je parle à tout le monde, j'aime sortir, j'aime Lyon.* » Quelle amoureuse, Colette est un printemps permanent !

Si la rosette fleurit en vitrine des charcutiers lyonnais, elle n'embaume cependant pas autant que son majestueux et dodu voisin, le cervelas truffé. Jean-Michel Barbier, maître de la maison Bonnard, le prépare avec une belle proportion de *tuber melanosporum* : « *La législation stipule qu'il faut au moins 3 % de truffes pour avoir le droit de vendre un cervelas sous le nom de cervelas truffé. Pour notre part, nous pensons qu'il en faut au moins 5 % pour avoir un cervelas parfaitement parfumé.* »

Tout n'est pourtant pas charcuterie à Lyon, même si certain fromage blanc relevé d'herbes et d'échalotes cherche à donner le change en se baptisant « cervelle de canut » : « *Traduire cela aux étrangers n'est pas simple* », s'amuse Jean-Paul Lacombe. Il sait de quoi il parle, la cervelle de canut, son père l'a inventée. « *Mon père a eu l'idée de l'alléger avec de la crème fouettée,* précise-t-il. *Il a remis ce plat au goût du jour en l'affinant. Je dirai que la cervelle de canut est une sorte de tapenade ou d'anchoïade lyonnaise.* » Un jeu de contraste appuyé entre l'onctuosité de la crème, du fromage blanc et la vigueur des échalotes grises, entre la douceur de l'huile d'olive et la pointe tendue du vinaigre. Main de fer, gant de velours. « Léon de Lyon » est une institution, aujourd'hui brasserie de premier plan, hier restaurant doublement étoilé : « *Il me semblait avoir fait un beau parcours,* explique-t-il, *mais j'avais envie de passer à autre chose. Je voulais être honnête avec la ville, mes clients, les guides. Alors, j'ai organisé une conférence de presse et j'ai rendu mes étoiles. Je sortais la tête haute, je décidais du moment. Cela me ressemblait. Depuis, nous nous sommes réorganisés autour de ce*

Si la rosette fleurit en vitrine des charcutiers lyonnais, elle n'embaume pas autant que son voisin le cervelas truffé.

Et si l'on n'invente jamais rien en cuisine, il arrive parfois qu'une recette s'impose, comme une évidence.

nouveau concept. Il faut bien trois années avant de tout maîtriser. Aujourd'hui, je peux dire que tout ressemble à ce que j'avais imaginé. » Beaux produits, spécialités lyonnaises mises à l'honneur, voiture chaude où l'on découpe devant la clientèle, selon les jours, gigots juteux ou pièces de bœuf rôties. De la belle ouvrage.

C'est également en majesté qu'est présentée la poularde aux heureux convives de Paul Bocuse. Elle cuit à l'étouffée dans une vessie de porc qui retient précieusement tous les fumets de la volaille. Mathieu Viannay a des égards de fiancé pour la belle cocotte : « *On cuit notre poularde demi-deuil à basse température, 70°, pour obtenir un blanc juteux et moëlleux.* » Tous sont les héritiers de la mère Fillioux dont Curnonsky disait : « *Elle est célèbre comme le maréchal Foch, comme Anatole France, comme Kipling…* » Depuis son restaurant de la rue Duquesne, elle se fit connaître du monde entier en servant un seul menu : potage velouté aux truffes, quenelles en gratin au beurre d'écrevisses, cul d'artichauts au foie gras et bien sûr la volaille demi-deuil. Eugénie Brazier lui emboîta le pas avec les mêmes recettes.

Si l'on n'invente jamais rien en cuisine, il arrive parfois qu'une recette s'impose comme une évidence. Le temps faisant, elle devient un standard, un classique. La soupe aux truffes V.G.E en est un fameux exemple. Comme toutes les belles idées, cette soupe a une histoire. À quelques jours d'intervalle, Paul Bocuse fait deux dîners qui le marquent. Le premier se déroule chez son fournisseur de truffes. Celui-ci lui sert une soupe de légumes dans laquelle, à l'instant, sont coupées de belles lamelles de truffes fraîches. Une semaine plus tard, en Alsace, Monsieur Paul chasse avec son ami et grand chef Paul Haeberlin. Le soir, le cuisinier alsacien propose un ramequin recouvert d'un feuilletage sous lequel est tapie une truffe au foie gras. L'idée est en chemin… De retour à Collonges, Paul Bocuse pratique quelques essais mêlant la soupe de légumes, la truffe, le foie gras et le feuilletage : « *L'idée d'une soupière individuelle s'impose vite à moi,* explique le « primat des gueules », *c'est ainsi que je fais le choix d'une soupière à gratinée individuelle.* »

Cette soupe sera servie à l'Élysée, au Président Valéry Giscard d'Estaing, lors de la remise de la légion d'honneur au maître de Collonges. Et quand le Président, ne sachant comment attaquer le petit dôme de pâte feuilletée qui coiffait la soupière, interrogea Monsieur Paul sur la façon de déguster la géniale recette, celui-ci répondit le plus simplement du monde : « *On casse la croûte Monsieur le Président !* »

Gastronomie lyonnaise, populaire y compris sous les ors et les lambris de la République.

Bouchon « Daniel et Denise »

Gâteau de foie de volaille à l'ancienne

Recette de Joseph Viola

Pour 8 personnes

Ingrédients

- 1 kg de foie de volaille
- 1,5 litre de lait
- 8 œufs entiers
- 6 jaunes d'œufs
- ½ cuillère à café d'ail ciselé
- 1,5 cuillère à soupe d'échalote ciselée
- 11 biscottes
- Beurre (beurrer les moules)

Préparation

Laver les foies de volaille à l'eau claire, les égoutter, mixer et tamiser.
Mixer les biscottes, les œufs, l'ail et l'échalote et l'assaisonnement.
Ajouter les foies, le lait bouillant. Mouler et faire cuire au four dans un bain-marie pendant 25 mn à 170°C.
Accompagner d'une sauce tomate avec quenelles, champignons, olives…

Pâté en croûte au foie gras, chutney de fruits

Bouchon « Daniel et Denise »

Recette de Joseph Viola

Pour 15 personnes

Ingrédients

- 700 g de gorge de porc
- 450 g de Quasi de veau
- 1 cuillère à soupe de chapelure
- 2 cuillères à soupe de persil frisé hâché
- 1 pointe d'ail
- 1 pincée de thym
- 2 cuillères à soupe de trompettes séchées et réhydratées
- 2 œufs
- 350g de foie gras, escalope surgelée
- Chutney de fruits
- Pâte brisée :
- 500 g de farine
- 270 g de beurre
- 5 g de sel fin
- 2 œufs
- 1 jaune d'œuf
- 80 g d'eau
- 1 l de gelée en poudre
- 150 g de Mesclun de salade
- 1 dl d'huile de noix
- Vinaigre balsamique
- Sel de Guérande

Progression du pâté

À l'aide de la grille de 0,5 cm de diamètre, hâcher la gorge de porc, le quasi, les faire revenir à l'huile d'arachide à la poêle. Égoutter dans une passoire. Faire sauter dans une poêle les trompettes, l'échalote, l'ail avec l'huile d'arachide, assaisonner de sel, poivre et cuire 2 à 3 mn, les hâcher avec la même grille que la viande.
Mélanger la viande, les champignons, la cuillère à soupe de chapelure, les 2 œufs, les foies de volaille, le sel et poivre et le persil.
Chemiser le moule à pâté avec la pate brisée, verser la farce au fond du moule. Ajouter les escalopes de foie gras surgelées. Saler, poivrer, remettre de la farce. Ajouter les ris de veau qui ont été blanchis. Saler, poivrer et ajouter le restant de la farce. Fermer avec la pate, dorer avec les jaunes d'œuf et faire 3 trous sur le dessus. Cuire au four à 220° pendant 45 mn. Faire refroidir pendant 24 heures et injecter la gelée.

Dressage

Servir le pâté tranché de 1cm d'épaisseur avec le chutney.
Ne pas oublier l'huile de noix avec les tranches ainsi que le sel de Guérande.

Bouchon « Chez Hugon »

Poulet aux écrevisses façon Hugon

Recette de Arlette Hugon

Pour 4 personnes

Ingrédients

- 1 poulet de 1,5 kg
- 20 écrevisses
- 3 tomates concassées
- 50 cl de vin blanc sec
- Fond de volaille
- 26 cl de crème fleurette
- 2 oignons
- 2 carottes
- 50 g de beurre
- 3 cuillérées d'huile
- 1 bouquet garni
- Estragon
- Sel et poivre

Progression

Découper le poulet en 4 morceaux, les faire revenir à feu vif dans une sauteuse au beurre. Les faire juste dorer. Les retirer et les réserver sur le côté du fourneau. Dans une deuxième sauteuse, faire revenir à l'huile fumante les écrevisses (châtrées et troussées). Quand elles sont bien rouges, jeter dessus les oignons et les carottes hâchés.
Bien remuer et mouiller avec le vin blanc et le fond de volaille. Ajouter les tomates concassées, le bouquet garni et assaisonner fortement. Laisser cuire 15 mn.
Ensuite, retirer les écrevisses et les déposer dans un plat.
Verser leur jus de cuisson sur le poulet et laisser mijoter 35 mn à feu doux.
Retirer les morceaux de poulet. Faire revenir le jus de cuisson à plein feu. Ajouter la crème et l'estragon. Quand cette préparation est réduite, rectifier l'assaisonnement.

Dressage

Dresser le poulet sur un plat de service avec les écrevisses.
Passer la sauce au chinois et servir avec un riz créole.
Le vin pour ce plat doit être souple et léger s'il est rouge. Un blanc de blanc de Champagne convient également très bien.

Collette Sibilia est une des figures emblématiques des halles de Lyon. Elle a fait de sa charcuterie un rendez-vous incontournable pour tous les gourmands de la ville, les grands chefs, et le premier d'entre eux Paul Bocuse, se fournissent chez elle, c'est vous dire…
Tout est bon chez Colette et tout particulièrement le cœur…

Colette Sibilia

Charcuterie Colette Sibilia

▶ Voir recette page 172.

SIBILIA
LES HALLES DE LYON
PAUL BOCUSE

Saucisson brioché

Charcuterie Colette Sibilia

Recette de Colette Sibilia

Pour 4 personnes

Ingrédients

- 1 saucisson cuit d'environ 500 g
- 250 g de farine
- 1 pincée de sel
- 1 sachet de levure
- 3 œufs
- 20 cl de crème liquide

Progression

Faire cuire le saucisson 45 mn, le laisser refroidir et l'éplucher.
Battre les œufs avec la crème, verser la farine, remuer, laisser reposer puis étendre la pâte.
Badigeonner le saucisson froid avec 1 jaune d'œuf, parsemer de farine pour faire adhérer.
Mettre la pâte dans un moule à cake beurré, placer le saucisson à l'intérieur. Laisser légèrement lever la pâte dans un lieu à 20°/25°, avec courant d'air.
Faire cuire 15 mn à 150° et 15 mn à 180°

Les cardons à la Lyonnaise

Bouchon « Chez Brunet »

Recette de Gilles Maysonnave

Pour 6 personnes
Temps de préparation : 30 mn
Temps de cuisson : 50/60 mn

Ingrédients

- 1 gros cardon de 3 kg environ
- 6 os à moëlle
- 50 cl de bouillon de bœuf
- 2 citrons
- 10 g de gros sel
- 75 g de beurre
- 50 g + la valeur de deux cuillerées à soupe de farine
- 1 petit verre de Madère
- 1 cuillerée à soupe de concentré de tomate
- Sel et poivre du moulin

Progression

Débarrasser le cardon de ses branches extérieures dures et épineuses. Les côtes tendres du cœur doivent être enlevées une à une, les éplucher (comme pour les blettes, enlever la peau transparente) et les couper en tronçons de 5 cm. Les placer au fur et à mesure dans un saladier rempli d'eau froide avec le jus d'un citron.
Faire un blanc en mélangeant 2 l d'eau froide, deux cuillères à soupe de farine et le jus d'un citron. Porter à ébullition, ajouter les cardons et faire cuire pendant au moins 30 mn, les cardons doivent être tendres.
Pendant la cuisson, porter à ébullition le bouillon de bœuf, ajouter les os à moëlle en prenant soin de ficeler chaque os pour que la moëlle ne s'échappe pas. Faire pocher à petit frémissement pendant 10 mn. Égoutter les os et les faire refroidir. La moëlle sera légèrement rosée et pourra être facilement coupée en rondelles épaisses.
Préchauffer le four à 180°C (thermostat 6).
Préparer un roux en faisant fondre le beurre et en ajoutant la farine. Mouiller avec le bouillon de cuisson des os à moëlle préalablement refroidi. Quand la sauce est onctueuse, ajouter le Madère et le concentré de tomate.
Dans un plat à gratin, disposer au fond les cardons soigneusement égouttés, recouvrir de sauce et déposer des rondelles de moëlle.
Faire gratiner à four chaud pendant 15 à 20 mn.

Dressage

Poser le plat de gratin au centre de la table et servir les assiettes à la volée…

Tablier de sapeur sauce Choron

Bouchon « Le Jura »

Recette de Brigitte Josserand

Pour 4 personnes

Ingrédients

- 4 rectangles de panse de bœuf cuite achetés chez le boucher ou le tripier
- 250 g de saindoux
- 1,5 l de vin blanc sec
- 2 œufs
- Chapelure.

Progression

Faire fondre le saindoux dans une poêle à bord haut. Y passer vos rectangles de panse 5 mn recto/verso, saler et poivrer.
Dans une grande casserole, mettre à bouillir le vin blanc, y plonger les rectangles de panse et le saindoux. Porter 5 mn à ébullition.
Laisser refroidir, et réserver au frais une journée. La panse de bœuf dans le vin blanc et le saindoux va figer au froid. C'est normal.
Le lendemain, retirer les 4 rectangles de panse, et dans une poêle leur faire rendre la graisse.
Paner à l'œuf 2 fois chaque rectangle et cuire au beurre.

Sauce choron. Faire une béarnaise en incorporant 1 cuillère à café de concentré de tomate (faire réduire 3 cuillères à soupe de vinaigre blanc, 3 cuillère à soupe de vin blanc, 2 échalotes hâchées, une cuillère à café d'estragon hâché, sel, poivre ; puis monter à chaud 60°C avec 5 jaunes d'œuf et 250 g de beurre).

Accompagner de pommes de terres vapeur.

Quenelles de brochet, sauce Nantua

Bouchon « Le Café du Peintre »

Recette de Florence Périer

Pour 6 personnes

Ingrédients

Pour la quenelle
- 500 g de chair de brochet
- 4 œufs
- 300 g de crème épaisse
- 75 g de beurre pommade
- 10 grains de sel
- 2 grains de poivre blanc
- Noix de muscade

Pour la panade
- 600 g de farine
- ½ litre lait
- 75 g de beurre

Pour la sauce Nantua
- 20 écrevisses
- 1 l de sauce béchamel
- 2 dl de crème fraîche
- 125 g de beurre
- sel poivre
- 1 dl de cognac

Pour la béchamel
- 1 l de lait
- 100 g de beurre
- 100 g de farine
- Sel, poivre, muscade

Progression

Mixer la chair du brochet, avec le sel, le poivre et la muscade, et la remettre au froid.
Réalisez la panade comme suit : faire bouillir le lait et le beurre dans une casserole à fond épais, ajoutez la farine, dessécher comme une pâte à choux. Recouvrir d'un papier film pour éviter que la surface sèche, refroidir.
Reprendre la chair de brochet, incorporez les œufs, puis la panade refroidie.
Ajoutez la crème, puis le beurre. Passez au tamis. Conserver au réfrigérateur 3 heures.

Faire bouillir de l'eau salée dans une casserole plate et large. Mouler les quenelles à la poche sur du papier sulfurisé, beurré, en forme de petits cylindres. Les plonger dans l'eau bouillante 15 mn.
Dresser dans un plat à gratin beurré, recouvrir de sauce Nantua et laisser gonfler et colorer au four bien chaud de 15 à 20 mn.

Réaliser la sauce béchamel : cuire comme un roux blanc, verser 1 l de lait froid hors du feu et reprendre la cuisson environ 15 mn en remuant sans cesse, assaisonner.

Réaliser la sauce Nantua : cuire les écrevisses à l'eau bouillante salée, les décortiquer. Concasser les carapaces, les rissoler au beurre, les colorer, déglacez au cognac. Un trait de vin blanc, ajouter la sauce béchamel et la crème, assaisonner.
Laissez cuire 30 mn, passer au chinois étamine.

Quenelles de langoustines *Villa florentine**

Recette de Davy Tissot

Ingrédients

Appareil à quenelle

- 130 g de chair de bar
- 300 g de chair de langoustine
- 8 g de sel
- 100 g de beurre
- 1 blanc d'œuf
- 240 g de crème liquide
- Poivre et piments d'Espelette PM

Jus de langoustine

- 1kg tête et pinces de langoustines
- 3 oignons ciselés en mirepoix
- 3 carottes en mirepoix
- 3 fenouils en mirepoix
- 5 tomates en mirepoix
- 100 g de concentré de tomate
- Ail, thym, cognac PM

Émulsion de parmesan

- 200 g de lait entier
- 50 g de crème liquide
- 75 g de parmesan
- Sel poivre PM

Étuvée de champignons

- 150 g de girolles lavées et grattées
- 150 g de cèpes lavés et grattés
- 50 g d'échalotes ciselées
- 25 g de beurre

Progression

Appareil à quenelle. Au robot mixer la chair de bar et la chair de langoustine ainsi que le beurre, le sel, le blanc d'œuf et la crème liquide ; assaisonner de poivre et piment.
À l'aide d'une cuillère mouler les quenelles ; réserver au frais.

Jus de langoustine. Dans un rondeau faire colorer les têtes à l'huile d'olive puis ajouter une noix de beurre, l'ail et le thym.
Cuire 5 mn.
Ajouter la garniture aromatique, la faire suer puis ajouter le concentré de tomate et le cuire 5 mn tout en le remuant.
Flamber au cognac puis mouiller à hauteur et laisser cuire 45 mn à feu doux. Passer le jus puis le réduire jusqu'à consistance souhaitée.
Une fois réduit monter au beurre et assaisonner de Tabasco et de jus de citron, sel, poivre.

Émulsion de parmesan. Chauffer le lait et la crème puis infuser le parmesan 20 mn, couvrir de papier film. Passer au chinois étamine, assaisonner et réserver au chaud.

Étuvée de champignons. Dans un sautoir faire fondre le beurre puis confire les échalotes, ajouter les girolles, les cuire.
Dans une poêle huilée saisir les cèpes jusqu'à coloration, puis ajouter une noix de beurre.
Ciseler une ½ botte de ciboulette, ajouter les cèpes dans le sautoir des girolles ainsi que la ciboulette, assaisonner de sel et poivre, réserver.

Dressage

Dans une poêle avec une noix de beurre, une gousse d'ail et une branche de thym frais.
Saisir la langoustine préalablement assaisonnée recto/verso, la saisir uniquement coté peau et réserver.
Dans une assiette creuse disposer une grosse cuillère d'étuvée de champignons, superposer la quenelle de langoustine cuite au four à 155°C pendant 8 mn. Placer sur la quenelle la langoustine rôtie, napper de jus de langoustine et quelques points d'émulsion de parmesan.

Reynon père et fils

Charcuterie Reynon

Attention, institution !
La famille Reynon tient bon les rennes de la tradition charcutière lyonnaise. Le vrai, l'authentique saucisson de Lyon, ne le cherchez pas ailleurs, pas plus que l'oreiller de la Belle Aurore, ce pâté en croûte majuscule, cette cathédrale de saveurs est ici élevée au rang de grand œuvre ! Poussez la porte et laissez-vous porter par des parfums profonds de truffes, d'épices, de viandes patiemment mitonnées. Un palais des mille et une faims !

▶ Voir recettes pages 184, 186, 188.

Oreiller de la Belle Aurore

Charcuterie Reynon

Ma recette, selon Claudius Reynon

Se procurer divers gibiers, soit : marcassin, chevreuil, lièvre, lapin de garenne, cols-verts, faisans, pigeons, ramiers, poule d'eau, perdreaux, cailles, râles, grives. Les dépouiller ou les plumer, les déposer et les dénerver en laissant les oiseaux entiers, sauf les faisans et les cols verts qui seront coupés en lèches ainsi que le gibier à poil. Ajouter à chaque espèce découpée 50 % de son poids de lèches de porc et assaisonner, à raison et par kilo, de 18 g de sel, 2 g de poivre, 1 g d'épices, 1 g de salpêtre, 1 g de sucre, plus 1 verre à liqueur de vin et autant de rhum pour le marcassin et le lièvre ; pour tous les autres gibiers, 1 verre à liqueur d'armagnac.

Mariner chaque gibier séparément avec thym, laurier, persil, oignons, carottes et mettre au réfrigérateur pendant quelques jours. Les oiseaux entiers seront traités de la même façon.

Quelques jours après, préparer une farce avec de la gorge et du maigre de porc, assaisonner comme pour le gibier coupé en lèches, pour lequel on prévoira 50 % de son poids de farce et autant pour les oiseaux.

Quelques jours avant de monter l'oreiller, peser la farce que l'on destine à chaque gibier que l'on complétera en ajoutant des fleurs de thym dans celle qui doit être incorporée au lapin de garenne, du genièvre écrasé dans celle des grives, de la sauge pulvérisée dans celle du marcassin, du romarin pour les pigeons ramiers, on rajoutera un peu d'échalote pour le lièvre, du basilic pour le faisan.

En plus, les farces destinées au marcassin, lièvre, faisans, pigeons ramiers seront plus ou moins teintées au sang de façon à leur donner une couleur allant du rose au rouge grenat.

En même temps, après avoir fait dégorger à l'eau froide, blanchir et parer 1,500 kg de ris de veau, les faire cuire à peine blonds avec sel, poivre, bouquet garni, oignons et carottes émincées, et laisser refroidir.

Désosser et dénerver 1 poulet et autant de canard de Barbarie : assaisonner comme pour le gibier et ajouter 50 % de farce fine de porc mais sans échalote.

Bien qu'à la cuisson le goût de ces différents ingrédients et épices ait tendance à s'interpénétrer, chaque composant n'en conservera pas moins son arôme particulier.

Avoir en réserve 1 kg de foie gras cru mariné suivant la recette citée et 250 g de truffes bien noires.

Sortir les gibiers du froid, retirer les légumes de la marinade et les mélanger avec la farce qui leur est destinée.

Faire de même avec les oiseaux qui seront farcis et dans lesquels on introduira foie gras et truffe en quantité en rapport avec la grosseur de l'animal.

Étendre une abaisse de pâte brisée de 15 mm d'épaisseur par 50 à 60 cm de côté. Monter l'oreiller en incorporant en plus des gibiers, poulet et canard, le ris de veau et le reste du foie gras coupés en gros dés, et les truffes.

Placer les différentes espèces de telle sorte que les couleurs soient bien séparées et qu'à la coupe il y ait dans chaque tranche un peu de tous les composants. Bien serrer au montage en frappant avec le plat de la main.

Couvrir avec une abaisse de pâte de la même épaisseur que la première, mouiller les bords au pinceau et bien souder les deux pâtes, couper ce qu'il y a de trop et border en repliant et en serrant entre le pouce et l'index. Laisser reposer 24 h si possible. Faire deux ou trois trous dans la pâte pour l'évacuation de la vapeur.

Enfourner à four assez chaud 220 à 230°C pour saisir la pâte, puis dès qu'apparaît un blond pâle, couvrir avec une feuille de papier ou d'aluminium graissé et baisser la température.

La cuisson peut demander 6 à 7 heures car la pièce pèse facilement entre 25 et 28 kg.

Sonder par précaution et retirer du four. Attendre une heure ou deux que la viande se tasse et, à l'aide d'un entonnoir, introduire un bon verre d'armagnac. Il faudra compter une vingtaine d'heures au réfrigérateur pour le refroidissement. Garnir au jus, laisser au froid encore jusqu'au lendemain. Couper l'oreiller en deux dans le sens de la diagonale et débiter en tranches.

Brioche aux grattons *Charcuterie Reynon*

Ingrédients

Pour la pâte à brioche

- 500 g de farine
- 300 g de beurre fin pasteurisé
- 6 œufs
- 50 g de sucre cristallisé
- 10 g de levure
- 50 g d'eau tiède

Pour les grattons

- Gras de porc appelé « rigon »
- Sel, poivre
- Ail frais pilé
- Vinaigre de vin

Fabrication de la pâte à brioche

Ramollir le beurre. Délayer la levure dans l'eau tiède. Faire une fontaine avec la farine et tout déposer au milieu. Mélanger et bien travailler la pâte en lui donnant beaucoup de corps (il est préférable d'utiliser un batteur ou un mixeur). Laisser reposer au froid.

Fabrication des grattons lyonnais

Prendre du gras de porc dénommé « rigon » (masse graisseuse et nerveuse sur laquelle adhèrent les intestins). Couper en morceaux de 30 à 40 g.
Déposer dans une marmite et faire cuire à feu vif.
Une fois cuits, bien dorés et rissolés, égoutter les grattons obtenus dans une passoire. Les presser fortement tout de suite à chaud avec un couvercle de casserole ou le dos d'une louche.
Assaisonner à chaud avec : sel, poivre, une petite quantité d'ail frais pilé et par-dessus une bonne giclée de vinaigre de vin.
Laisser ensuite refroidir naturellement. Entreposer dans un endroit frais et sec.

Confection de la Brioche aux Grattons

Pour la quantité de pâte à brioche obtenue soit environ 1,200 kg, prélever 600 g de grattons encore tièdes. Les hâcher en gros morceaux. Les introduire dans la pâte en malaxant énergiquement l'ensemble de manière à obtenir une bonne répartition du mélange avec beaucoup de corps.
Déposer dans un moule rond de dimension appropriée.
Laisser lever la brioche à 35°C environ le temps nécessaire (45 mn à 1 h).
Dorer à l'œuf, marquer la surface avec quelques incisions.
Enfourner à 200°C pendant 30 mn environ.
Laisser refroidir naturellement.

Charcuterie Reynon

Le véritable saucisson de Lyon

Recette authentique de Georges Reynon

Procédé de fabrication

Dénerver et dégraisser totalement et très minutieusement le maigre de porc.
Mélanger les 4 kg de viande parfaitement triée avec les ¾ de l'assaisonnement (sel et poivre blanc moulu seulement, lui-même bien mélangé).
Refroidir rapidement cette viande assaisonnée à température négative pendant quelques heures.
Pendant ce temps : procéder à la fonte de la panne pour récupérer le saindoux et couper les lardons dans du bon gras de porc bien ferme et blanc en petits cubes réguliers de 5 mm de côté.
Parsemer et mélanger le restant de l'assaisonnement (sel, poivre) sur les cubes de gras tout en les égrainant soigneusement pour décoller les morceaux des uns des autres.
Passer les morceaux de maigre préalablement durcis au congélateur, au cutter.
Hâcher très finement jusqu'à réduction en pommade en veillant impérativement à ne pas chauffer la viande.
En fin de hâchage, incorporer le saindoux à l'état mou et froid, puis le sucre, le salpêtre et l'ail pilé, le tout délayé dans un ½ verre d'eau fraîche.
Retirer du cutter et mélanger l'ensemble avec les lardons et le poivre en grains, en veillant à la parfaite répartition du gras et à son adhérence totale au maigre hâché.
Patonner le mélange obtenu et laisser de préférence reposer quelques heures ou une nuit au réfrigérateur.
Embosser dans de véritables boyaux naturel de porc dénommés « rosette » parfaitement nettoyés et dégraissés et de préférence de texture épaisse (afin d'éviter le phénomène de « croûtage »).
Attacher l'extrémité soigneusement, piqûer, redresser le saucisson à la ficelle.
Mettre sous filet (tête en bas).
Étuver pendant 3 jours environ à température de 24° maximum.
Une fois étuvés, les saucissons ne présentant pas une forme nette, conique et rectiligne devront en principe être extraits du filet et ficelés, selon une approche des principes de l'ancienne méthode charcutière.
Faire sécher pendus dans une pièce fraîche et aérée (température 12 à 14° et hygrométrie de 78 à 82 %) pendant 4 à 5 semaines selon le toucher.
Le Saucisson de Lyon se consomme sec, mais relativement souple en tranches minces.
Autrefois l'usage voulait que le maigre de viande soit composé d'une petite quantité de viande de bœuf, environ 20 % maximum. Cette pratique sans intérêt au cours du XXe siècle a disparu pour laisser place à un Saucisson de Lyon « pur porc ».

Ingrédients

Composition

- 4 kg de pur maigre de porc de couleur bien rouge (soit 3 kg d'épaule et 1 kg de jambon)
- 800 g de lardons
- 200 g de saindoux (de pure panne de porc fondue)

Assaisonnement

- 130 g de sel fin
- 10 g de poivre blanc moulu
- 5 g de poivre gris en grains
- 1,5 g de salpêtre (nitrate de potassium)
- 20 g de sucre
- ½ gousse d'ail frais, pilée finement

SAUCISSON DE LYON
C. Reynon
13, rue des Archers
69002 LYON
04.78.37.39.08
www.reynonlyon.com

Jean-Michel et Françoise Barbier

Charcuterie Bonnard

Depuis 1984, Jean-Michel et Françoise Barbier ont pris en main la destinée de la maison Bonnard, adresse phare du bien manger lyonnais. Les quenelles sont d'une profondeur et d'un moëlleux infini, que de douceurs et de saveurs dans ce fuselage de navette... Les cervelas regorgent de truffes, ici pas de demi-mesure, le bon, le goût sont toujours des priorités absolues.

▶ Voir recettes pages 192, 193.

Cervelas truffé 5%

Charcuterie Bonnard

Ingrédients

- Poitrine de porc fermier label 70 %
- Jambon de porc fermier label 20 %
- Gras de porc fermier label 10 %

Puis ajouter à ce volume :

- Pistaches et assaisonnements 3 %
- 5 % de truffe Tuber mélanosporum du Périgord noir

Progression

Cuire à feu doux entre 85 et 90°C dans de l'eau, une demi-heure par livre et piquer légèrement avec une aiguille.

Dressage

Servir chaud avec salade verte et pommes vapeur et une noix de beurre frais, ou avec des lentilles chaudes.
Il est aussi possible de le terminer froid avec une salade verte.

Pain d'écrevisse

Charcuterie Bonnard

Progression

La farce à quenelles, ou panade, est constituée de lait (25%), de beurre (20%), d'œufs (20%), de chair de brochet (25%), de semoule (10%), puis ajouter à ce volume 3% de queues d'écrevisses.

Le pain d'écrevisse est servi avec une sauce maison à base de poissons et de champignons (forme de Nantua), mis au four préchauffé à 220°C durant environ 1 h.
Servir accompagné de riz nature ou de tagliatelles fraîches.

Brasserie « Léon de Lyon »

Cervelle de canut salade de fromage blanc aux fines herbes

Recette de Jean-Paul Lacombe

Pour 20 personnes

Ingrédients

- 500 g de fromage blanc égoutté en faisselle
- ½ botte de cerfeuil
- ½ botte de ciboulette
- ½ botte de persil
- 1 échalote
- 50 g d'huile d'olive
- 20 g de vinaigre de vin vieux
- 2 g de poivre
- 10 g de sel
- 150 g de crème liquide
- 150 g de crème fouettée

Progression

Choisir des fromages blancs en faisselle au lait entier.
Les égoutter 24 heures à l'avance.
Hacher les herbes (cerfeuil, ciboulette, persil et l'échalote).
Les mélanger au fromage blanc.
Ajouter l'huile d'olive, le vinaigre, le sel, le poivre et la première partie de la crème liquide.
Monter légèrement la deuxième partie de la crème liquide, puis l'incorporer délicatement au reste.
Garder au frigo et servir frais.

Dressage

Cette recette doit être réalisée avec une spatule en bois ou une "maryse", mais pas au fouet car on ne doit pas obtenir une cervelle de canut liquide. On doit pouvoir en faire des quenelles à l'aide de 2 cuillères pour servir sur une assiette avec un assortiment de fromages.

Poularde *La Mère Brazier***
en demi-deuil

Recette de
Mathieu Viannay

Pour 4 personnes

Ingrédients

- Une poularde de Bresse de 2,2 kg
- 12 lamelles de truffe épaisses
- 3 l de fond blanc de volaille
- ½ l de crème liquide
- 150 g de beurre
- Sel et fleur de sel
- 8 mini carottes
- 8 mini navets
- 8 mini poireaux
- 4 petites feuilles de choux vert
- Pots de condiments
- Cerises au vinaigre
- Cornichons
- Vinaigrette à la truffe

Progression

Habiller la poularde.
Glisser sous la peau les lamelles de truffe et rouler dans un film alimentaire.
Pocher à 70°C dans le fond blanc pendant 3 heures.
Défilmer, puis maintenir au chaud.

Pour la sauce suprême. Réduire la cuisson de 2/3, crémer, faire bouillir jusqu'à consistance.
Monter au beurre, passer au chinois et réserver.

Réunir la poularde et les légumes préalablement cuits dans une cocotte très chaude.
Parsemer de fleur de sel.

Servir avec une saucière à part et les pots de condiments.

Cube au chocolat Jivara et cœur passion, sorbet cacao

*La Mère Brazier***

Recette de Mathieu Viannay

Ingrédients

Cœur Passion

- 1 kg jus de passion
- 80 g de sucre
- 11 g de Maïzena

Biscuit Chocolat

Sabayon

- 360 g de jaune d'œuf
- 34 g de sucre
- 450 g de blanc d'œuf
- 200 g de sucre
- 150 g de farine
- 150 g de poudre de noisette
- 100 g de cacao en poudre
- 300 g de beurre fondu

Crème Anglaise

- 250 g de crème liquide
- 250 g de lait
- 100 g d'œufs
- 50 g de sucre

Mousse Cube

- 600 g de crème anglaise à 65°
- 1 kg de Jivara lacté fondu à 37°
- 900 g de crème montée
  à ajouter à 35°

Flocage

- 200 g de beurre cacao
- 200 g de chocolat caraïbes

Tuile grué

- 80 g lait
- 200 g beurre
- 320 g de sucre
- 100 g de grué
- 100 g de poudre d'amandes
- 40 g de poudre cacao

Progression

Cœur Passion. Faire bouillir et couler dans un moule Flexipan en dôme. Congeler et les assembler pour former des boules. Tremper dans le chocolat fondu.

Sabayon. Réaliser un sabayon à froid, avec les jaunes d'œuf et le sucre.
Meringue. Monter la meringue avec les blancs d'œufs et le sucre.

Biscuit. Mélanger le sabayon, la meringue et la farine, puis les poudres tamisées de noisette et de cacao en poudre. Finir par le beurre fondu. Cuisson à 170°C pendant 7 mn.

Tuiles grué. Faire bouillir le lait mélangé au beurre et au sucre. Dès le premier bouillon, ajouter hors du feu le grué, la poudre d'amande et la poudre de cacao.
Cuire à 170°C au four pendant 11 mn.

*L'Auberge du Pont de Collonges****

Poularde de Bresse truffée en vessie

Recette de Paul Bocuse

Pour 4 personnes
Préparation 40 minutes
Cuisson 2h15

Ingrédients

- 1 volaille de Bresse de 1,8 kg environ
- 8 belles lames de truffe
- 200 g de mousse de veau
- 50 g de carottes
- 50 g de navets tournés à la petite cuillère à légumes et cuits
- 50 g de céleri rave
- 50 g de petits pois reverdis
- 50 g de haricots verts cuits et coupés en petits bâtonnets
- 1 blanc de poireau cuit
- 1 vessie de porc dégorgée à l'eau salée et vinaigrée

Madère

- 10 lde bouillon blanc de volaille
- Sel, poivre
- On peut ajouter à ces ingrédients 50 g de truffes et foie gras coupés en dés ainsi que le foie de la volaille.

Progression

La volaille étant minutieusement vidée, la désosser par le dos en laissant adhérer les os des ailes et des cuisses.
Glisser sous la peau les lames de truffes sur la poitrine et les cuisses.
La garnir avec tous les légumes, ceux-ci auront été au préalable cuits et assaisonnés, et mélangés à la mousse de veau, le poireau sera mis au centre.
Refermer la volaille en la cousant et en la ridant pour lui redonner sa forme initiale.
Après avoir retourné la vessie, mettre à l'intérieur la poularde ainsi farcie en adjoignant une pincée de sel, poivre et quelques centilitres de madère.
Ceci étant fait, fermer hermétiquement la vessie avec deux tours de ficelle.
Pour la cuisson, plonger la poularde en vessie dans une marmite dans laquelle on aura mis 10 litres de bouillon blanc de volaille préparé avec les abats et la carcasse de la poularde désossée.
La cuisson doit se faire par pochage, sans ébullition, par simple frémissement du liquide, durant 1h30 environ.
Présenter la poularde sur un plat, l'extraire de la vessie devant les convives.
La découper en séparant les ailes et les cuisses. Pour servir, distribuer à chacun un morceau agrémenté de la délicieuse garniture dont la volaille est farcie.

(*Recette extraite d'une publication Flammarion*)

L'Âme sœur

Verre de chocolat noir, façon mousse aux framboises et sauce capucine

Recette de Olivier Paget

Pour 6 à 8 personnes

Ingrédients

- 200 g de chocolat noir
- 75 g de café chaud (une petite tasse)
- 6 œufs
- 160 g de beurre fondu
- 30 g de cacao
- 100 g de sucre en poudre
- 200 g de framboises entières
- 75 g de café chaud
- 40 g de sucre en poudre
- 20 g de glucose

Progression

Préparer en premier la mousse en faisant fondre le chocolat noir, puis ajouter le café chaud puis les six jaunes d'œufs. Remuer doucement et ajouter alors le beurre fondu, le cacao et en finition les six blancs d'œufs préalablement montés en neige avec 60 g sucre semoule. Dresser un verre de votre choix et le remplir à moitié avec cette préparation, laisser au réfrigérateur.
Préparer alors la sauce capucine : mélanger le café chaud, 40 g de sucre en poudre et 20 g de glucose. Faire bouillir dans une casserole et réserver au frais.

Dressage

Placer les framboises sur la mousse au chocolat et napper de sauce capucine. Décor au choix (cigarette russe, amandes, noisettes, cerneaux de noix...)

Cigare au chocolat infusé au Havane, crème glacée au Cognac

*Auberge de l'Ile***

Recette de
Jean-Christophe Ansanay-Alex

Ganache

Laisser infuser un cigare de Montecristo hâché dans la crème pendant 2 jours.
Confectionner la ganache avec du chocolat noir.
La ganache doit avoir une amertume prolongée.

Tube à Cigare

Cuire un caramel blond et le décuire avec un peu de chocolat noir.
Laisser refroidir, mixer l'appareil et le passer au tamis.
Repasser l'appareil à la passette avant utilisation.
Préparer un pochoir rectangulaire pour rouler un tube.

Glace Cognac

Réaliser une crème glacée infusée au cognac, laisser mâturer 2 jours avant de turbiner.

Allumette

Confectionner un appareil à mikado.
Tailler des petits bâtonnets « comme une allumette » et cuire à 180°C pendant 5 min.
Insérer un raisin au cognac et napper de chocolat.

Décor

Socle en chocolat, poudre d'or.

*Restaurant Jean Brouilly**

Croustillant chocolat noir et noisettes

Recette de Éric Lambolez

Pour 12 cercles de 8 cm

Ingrédients

Pour la base croustillante

- 100 g de chocolat au lait
- 120 g de praliné
- 100 g de pailleté feuilletine
- 140 g de noisettes blanchies
- 100 g de sablé

Pour la mousse chocolat

- 60 g de crème
- 60 g de lait
- 60 g de jaunes d'œuf
- 20 g de sucre
- 200 g de chocolat noir à 63 %
- 200 g de crème fouettée

Progression

Pour la base croustillante. Fondre le chocolat et le praliné au bain-marie, ajouter le pailleté feuilletine, les noisettes torréfiées et concassées, et les brisures de sablé, mélanger délicatement et remplir les cercles à moitié.

Pour la mousse chocolat. Chauffer le lait avec la crème et verser sur les jaunes d'œufs et le sucre battus et cuire à 85° (crème anglaise) Verser sur le chocolat, lisser, laisser reposer 10 mn et incorporer la crème fouettée. Compléter les cercles et laisser prendre au froid
Au moment de servir, poudrer de cacao et décorer selon votre goût.

Bouchon « Le Café du Peintre »
Florence Périer
50, boulevard des Brotteaux
69006 Lyon
04 78 52 52 61
www.lecafedupeintre.fr
cafedupeintre@orange.fr

Bouchon « Le Jura »
Brigitte Josserand
25, rue Tupin 69002 Lyon
04 78 42 20 57
www.bouchonlejura.fr
cafedujuralyon@yahoo.fr

Bouchon « Daniel et Denise »
Joseph Viola
156, rue Créqui 69003 Lyon
04 78 60 66 53
www.daniel-et-denise.fr
danieletdenise@live.fr

Bouchon "Chez Hugon"
Arlette
12 Rue Pizay 69001 Lyon
04 78 28 10 94
http://www.bouchonlyonnais.fr

Bouchon « Chez Brunet »
Gilles Maysonnave
23, rue Claudia 69002 Lyon
09 63 26 45 18
http://www.bouchonlyonnaisbrunet.fr
chezbrunet@orange.fr

Brasserie « Léon de Lyon »
Jean-Paul Lacombe
1 rue Pleney 69001 Lyon
04 72 10 11 12
http://www.bistrotsdecuisiniers.com
reservation@bistrotsdecuisiniers.com

Charcuterie Colette Sibilia
102, cours Lafayette 69003 Lyon
04 78 62 36 28
www.colettesibilia.com
contact@colettesibilia.com

Charcuterie Reynon
13, rue des Archers Lyon 69002
04 78 37 39 08
http://www.reynonlyon.com
reynon@reynon.com

Charcuterie Bonnard
36, rue Grenette 69002 Lyon
04 78 42 19 63
www.charcuteriebonnard.fr
contact@charcuteriebonnard.fr

Hôtel Restaurant Christophe Marguin
Christophe Marguin
916, route de Strasbourg 01700 Les Echets-en-Dombes
04 78 91 80 04
www.christophe-marguin.com

La Cour des loges*
Anthony Bonnet
6, rue du Bœuf 69005 Lyon
04 72 77 44 44
www.courdesloges.com
anthonybonnet69@gmail.com

Pierre Orsi*
Pierre Orsi
3, place Kléber 69006 Lyon
04 78 89 57 68
www.pierreorsi.com
orsi@relaischateaux.fr

La Mère Brazier**
Mathieu Viannay
12, rue Royale 69001 Lyon
04 78 23 17 20
www.lamerebrazier.fr

La Pyramide**
Patrick Henriroux
14, boulevard Fernand-Point
38200 Vienne
04 74 53 01 96
www.lapyramide.com
patrickhenriroux@wanadoo.fr

L'Auberge du Pont de Collonges***
Paul Bocuse
40, rue de la Plage
69660 Collonges-au-Mont-d'Or
04 72 42 90 90
www.bocuse.fr

Auberge de l'Ile**
Jean-Christophe Ansanay-Alex
Pont de l'Ile Barbe 69009 Lyon
04 78 83 99 49
www.aubergedelile.com
chef@aubergedelile.com

Restaurant Guy Lassausaie**
Guy Lassausaie
1, rue Belle-Sise 69380 Chasselay
04 78 47 62 59
www.guy-lassausaie.com
guy.lassausaie@wanadoo.fr

Christian Têtedoie*
Christian Têtedoie
Montée du Chemin Neuf 69005 Lyon
04 81 68 02 19
www.tetedoie.com
restaurant@tetedoie.com

L'Âme Sœur
Olivier Paget
209, rue Duguesclin 69003 Lyon
04 78 42 47 78

Mon bistrot à moi
Olivier Belval
84, cours Vitton 69006 Lyon
04 78 52 47 28

Restaurant Thomas
Thomas Ponson
6/8/3/1, rue Laurencin 69002 Lyon
04 72 56 04 76
http://www.restaurant-thomas.com
info@restaurant-thomas.com

Le Potager des Halles
Frank Delhoum
3, rue de la Martinière 69001 Lyon
04 72 00 24 84
www.lepotagerdeshalles.com

Restaurant Jean Brouilly*
Eric Lambolez
3 ter, route de Paris 69170 Tarare
04 74 63 24 56
www.restaurant-brouilly.com
restaurant.jean-brouilly@wanadoo.fr

Villa florentine*
Davy Tissot
25, montée Saint-Barthélemy
69005 Lyon
04 72 56 56 56
www.villaflorentine.com
dtissot@villaflorentine.com

Bibliographie succincte

- Marie-Josèphe Moncorgé, *Lyon 1555, capitale de la culture gourmande*, Lyon, 2008.
- Corinne Poirieux, *Guide de Lyon et ses marchés*, Lyon, 2006.
- Lucien Tendret, *La table au pays de Brillat-Savarin*, Lyon, 1892. Reprint Ed. Parangon, Lyon 2001.
- Mathieu Varille, *La cuisine lyonnaise*, Lyon, 1928. Reprint Ed. Slatkine, Genève, 1987.

Achevé d'imprimer en octobre 2012 par Beta Barcelone.